ISBNは個人でも取得できる。サイトは英語だけど何とかなる。

ISBN取得、CreateSpace対策、EIN取得
その他もろもろ、やってみました!!

あえて **自力で** やってみたい **ドM** な**あなたのための**

Create the Amazon POD

全部1人でやってみる **Amazon Print-on- demand** 対策

佐藤 一平 著
Ippei Sato

1冊からの受注対応システム、Amazon プリント・オン・デマンド（POD）

　大手オンライン通販のAmazonが運営する**プリント・オン・デマンド（POD）**──オンデマンド印刷による1冊からの受注対応システム──により、出版社にも読者にも多くのメリットが生まれました。

　出版社側は取次などの仲介業者や書店を通さないことで、中間マージンを取られずに読者に直接販売することが可能になります。また、1冊からの受注生産なので紙や印刷代の初期コストもかからず、大量の在庫を抱える必要も品切れの心配もなくなります。そして、これまで市場規模が小さく出版に踏み切れなかったニッチなジャンルのものを出版するといった実験的な試みも可能になりました。

　読者側としても在庫切れや絶版の心配もなく、なおかつすでに絶版になってしまった本が復活する可能性も生まれます。

個人でも Amazon プリント・オン・デマンド（POD）は利用できる

　ところが現状、このAmazon PODは**出版コードを取得している会社のみが**利用できるシステムで、個人には門出が開かれていません。初期コストもかからず在庫切れの心配もない、自費出版を希望する個人にはピッタリのシステムであるにもかかわらず、利用できないのは非常に残念でなりません。

　ですが、実は個人レベルでもAmazon PODを利用できる方法があります。**Amazon.com（米国Amazon）を利用**することで、個人レベルでもAmazon PODでの出版が可能になるのです。Amazon.comで販売を開始すれば、時間はかかりますが**Amazon.co.jp（日本のAmazon）**でも販売されます。

　ですが、Amazon.comは米国のサイトですので、表記はすべて英語です。自費出版はやってみたいけど、英語に抵抗のある方は少なくないのではないでしょうか。本書はそういった方のために、ISBNコード／書籍JANコード取得から出版までの流れを、順を追って説明しています。

▶対象となる読者

- なるべく費用をかけずに自費出版を実現したい方
- できれば（業者の助けを借りずに）すべての行程を自分でこなしたいと考える方
- パソコンで基本的な文書作成が一通りできる方（Microsoft Wordなどを使用して文書を作成する際に、マージンやヘッダー、フッターなどのページ設定、ページ番号をつける等々の作業ができる方）※本書ではソフトの使い方についての説明はしておりません。

▶本書の作成環境

本書の手順説明では、実際に本書を作成する過程を例に進めていきます。作成環境は以下になります。

- Adobe InDesign CS3
- Adobe Illustrator CS5
- Adobe Photoshop CS5
- Adobe Acrobat X
- ※Adobe社製のソフトの使用は必須ではありませんが、お使いいただくことでよりスムーズに作業を進めることが可能になります。

　かつて自費出版は、費用の面でも在庫や流通の面でもかなり敷居の高いものでした。ですがここ数年、電子書籍市場の活性化も手伝い、個人での出版が大変しやすい環境が整ってきています。

　本書は自費出版を目指す個人の方、そして執筆から出版までの工程を、なるべく業者に頼らずに自分一人で経験されたい方のための案内書です。

　本書をお読みいただくことで個人の方が自費出版に踏み切るきっかけとなり、満足のいく出版が実現できれば大変うれしく思います。

2015年　筆者

Contents

出版までの
流れ紹介

あなたの本が販売されるまでの流れをご紹介します

アイディアがカタチになるまでの流れをご紹介

出版までの流れ

この章では原稿作成から実際に本が出版されるまでの流れをざっと見ていきます。
具体的には「原稿の作成」から始まり「ISBN ／書籍JANコード取得」（必須ではありません）、
「EINの取得」（日米二重課税を避けるために必要になります）を経て、米Amazonの子会社で
ある「CreateSpaceサイトで原稿をアップロード」するという流れになります。

🔍 自費出版本が完成するまで

原稿の作成

何はともあれまずは原稿（データ）を作成します。

どんな本のジャンル、ページ数、本のサイズなど、具体的なイメージがで
きたら実際の原稿（データ）作成に取りかかりましょう。

●原稿データ作成にはDTP用のソフトがおすすめ

本書では、印刷用PDFデータを最終原稿とすることを前提に説明を進めてい
きます。

印刷用のPDFを自分で作る場合は、Microsoft Wordなどのワープロソフトで
も可能ですが、できればAdobe社製のDTP用ソフト（Adobe InDesignやAdobe
Illustrator）を使用することをおすすめいたします。ですがAdobe社製のソフ
トは高額なだけでなく習熟にもある程度の時間を要するため、Microsoft Word
で作成しても問題ありません。

なお、本書ではソフトの使い方に関する説明はしておりません。

ISBN ／書籍 JAN コードを取得する

本を市場へ流通させるには、多くの場合**ISBNコード**と呼ばれる固有のコードを付与する必要があります。また、日本図書コードをJANコード体系に割り付けた**書籍JANコード**が必要になる場合もあります。

これらのコード取得の手順は**2章**で説明していきます。

なお、本書の目的である「**CreateSpace（https://www.createspace.com）を通してAmazon POD（プリント・オン・デマンド）での出版**」を実現する際には、ISBN ／書籍JANコードの取得は必須ではありません。

EIN を申請、取得する

CreateSpace（https://www.createspace.com）は米国の会社です。なので、米国での源泉徴収免除の手続きをしないと、売り上げから30%の税金が引かれてしまいます。なおかつ日本でも課税対象になるため、日本と米国で二重で課税されることになります。

この二重課税を避ける手続きを行うために、**EIN（Employer Identification Number）**を取得します。

3章ではEINの申請、取得についての説明をしていきます。当然すべての作業が英語になりますが、落ち着いて進めれば大丈夫ではないかと思います。

「CreateSpace」を通して Amazon POD で本を出版する

Amazon PODで本を出版するには、米Amazonの子会社である**CreateSpace**（https://www.createspace.com/）で原稿データをアップロードする必要があります。CreateSpaceは米国の会社ですので、当然サイトもすべて英語表記です。

本書の**4章**では、CreateSpaceでのアカウント作成からデータ作成→アップロード→出版スタートまでの手順をなるべくわかりやすい日本語表現を意識して説明していきます。また、ロイヤリティの設定についても筆者の経験談をもとにお伝えしております。

🔍 Amazon PODでの出版までの流れ

原稿の作成

- ジャンル、ページ数、サイズなどを決定
- 印刷用データを作成する（Microsoft Word、Adobe InDesignやAdobe Illustratorを使用してデータを作成する）

ISBN／書籍JANコードを取得する

- ISBNコード／書籍JANコードを申請、取得する（必要な場合）
※今回のAmazon PODでの出版には必須ではありません

EINを申請、取得する

- 日本と米国での二重課税を避けるために、米国での源泉徴収免除手続きを行うためのEINを申請、取得

「CreateSpace」を通してAmazon PODで本を出版する

- 米Amazonの子会社であるCreateSpaceサイトでアカウント作成
- ガイドラインに沿って印刷用PDFを作成し、アップロード
- ISBNを付与（フリーのISBN or 自分で取得したISBN）
- 本のタイトル、作者名、値段や本の説明などを入力して出版開始
- ロイヤリティの設定

申し込み

申請書郵送

確認電話

登録完了

コードの体系

ISBNコード／
書籍JANコード取得

流通に必要なコードの取得方法をご紹介

「日本図書コード管理センター」でコードの取得手続き

申し込み

ISBNコード／書籍JANコードを取得するには、まず「日本図書コード管理センター」での申し込みからスタートします。申し込みに必要なのはお名前、住所、電話番号（固定電話）、メールアドレス、インターネット環境です。

STEP 1	STEP 2	STEP 3	STEP 4
申し込み	申請書郵送	確認電話	登録完了

🔍 ISBN／書籍JANコード

ISBNコード

　ISBNコードはInternational Standard Book Number（国際標準図書番号）の略で、書籍出版物を1書名ごとに識別するユニークなコードです。書籍の裏表紙や奥付ページに「**ISBN978-4 ～**」と978から始まる文字列が印刷されているのを目にしたことがあるかと思いますが、これがISBNコードです。このコードを参照することで、その書籍の情報（どこの国で、どういう出版者が発行していて、何という書名なのか）を特定することが可能になります。なお取得には登録料がかかります。

　詳しくは「**日本図書コード管理センター**」のHP（http://www.isbn-center.jp/）をご覧ください。

書籍JANコード

　2段のバーコードで構成される、出版物用に使用するJANコードです。1段目がISBN用、2段目が日本独自の図書分類と税抜本体価格情報をバーコードで表示したものになります。なお取得には登録料がかかります。

　詳しくは「**日本図書コード管理センター**」のHP（http://www.isbn-center.jp/）や「**一般財団法人 流通システム開発センター**」のHP（http://www.dsri.jp）をご覧ください。

Ｑ ISBN／書籍JANコードを申し込む

　では、さっそくISBNコードと書籍JANコード取得の申し込みをしてみましょう。まず、取得に必要なものを確認します。

◉ISBN／書籍JANコード取得に必要なもの

- 住所
- 電話番号（固定電話）
- インターネット環境（電子メール）　※携帯電話のメールは×
- ISBNコード登録料
- 書籍JANコード登録料

　細かいところでは印鑑なども含まれますが、それらはここでは省略します。
　また、具体的な登録料については後述しますが、こちらも消費税アップなどの影響か、数年ごとに価格改定が行われているようですのでそのつどのチェックが必須です。

　必要なものが用意できたらさっそく「**日本図書コード管理センター**」のHP（http://www.isbn-center.jp/）へアクセスしましょう。

ISBN／書籍JANコードの申し込みページ

◉メールアドレスを登録する

「日本図書コード管理センター」のHP（http://www.isbn-center.jp/）へアクセスすると、下記のトップページが表示されます。画面右上の**「新規登録について」**をクリックします。

▶「日本図書コード管理センター」のトップページ

画面右上の「新規登録について」をクリック

ISBN出版者記号と書籍JANコード登録手続きの手順（http://www.isbn-center.jp/regist/index.html）に進みます。ページをスクロールして**「ISBN出版者記号／書籍JANコードの申込みをする」**をクリックします。

▶「ISBN出版者記号と書籍JANコード登録手続きの手順」ページ

「ISBN出版者記号／書籍JANコードの申込みをする」をクリック

　メールアドレスの登録（https://entry.isbn-center.jp/ie0001/index/entry_kbn/1）に進みます。メールアドレスを2回と画像認証を入力して「**メール送信**」をクリックします。

▶「メールアドレスの登録」ページ

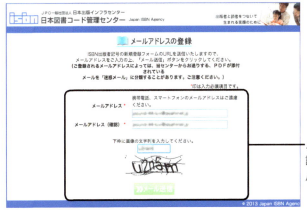

メールアドレス、画像
認証を入力して「メー
ル送信」をクリック

　すぐに入力したメールアドレス宛に日本図書コード管理センターより「**ISBN出版者記号　新規登録フォームのお知らせ**」という件名でメールが送られてきます。「**96時間以内に、以下のURLより登録・申込み内容の入力を行ってください。**」という文面の下に明記されているアドレスに96時間以内にアクセスしましょう。なお、仮に96時間を過ぎてアクセス不可になっても、もう一度メールアドレス登録からやり直すことが可能です。

　また、「**入力にあたって、ガイドラインを作成しました。下記URLをご参考になさってください。**」という文面の下にあるアドレスから入力フォームのガイドラインPDFをダウンロードできますので、フォーム入力の際の参考にしてください。

◉メールに明記されたアドレスにアクセス

メールに明記されたアドレスにアクセスすると、「**ISBN出版者記号の新規登録**」ページが表示されます。内容を確認後「**次へ**」をクリックします。「**ISBNコードを付与できる出版物について**」ページに進みますので、内容を確認後に「**上記事項を確認しました。**」にチェックを入れて「**次へ**」をクリックします。

▶「ISBNコードを付与できる出版物について」ページ

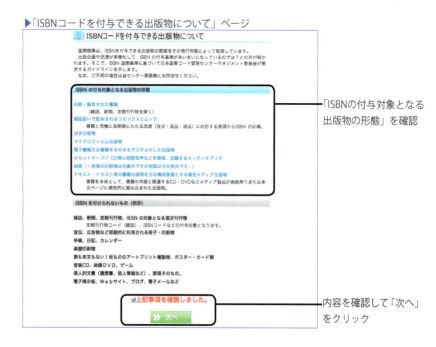

「ISBNの付与対象となる
出版物の形態」を確認

内容を確認して「次へ」
をクリック

なお、「**ISBNの付与対象となる出版物の形態**」について、発行予定の書籍と合致するかをしっかりと確認しておきましょう。

◉ISBNの付与対象となる出版物の形態

印刷・製本された書籍／雑誌扱いで配本されるコミックスとムック／点字出版物／マイクロフィルム出版物／電子書籍又は書籍をそのままデジタル化した出版物／カセットテープ／ CD等に朗読音声などを録音、収録するオーディオブック／地図（1枚物の印刷物は対象外ですが地図はその例外です。）／テキスト・イラスト等の書籍出版物を主な構成要素とする複合メディア出版物

◉「ISBN出版者記号の新規登録」フォームに入力する

　内容を確認して「**次へ**」をクリックすると、出版者情報入力フォームに進みます。

　入力必須項目、公開情報を確認しながら入力していきましょう。

▶出版者情報入力フォーム

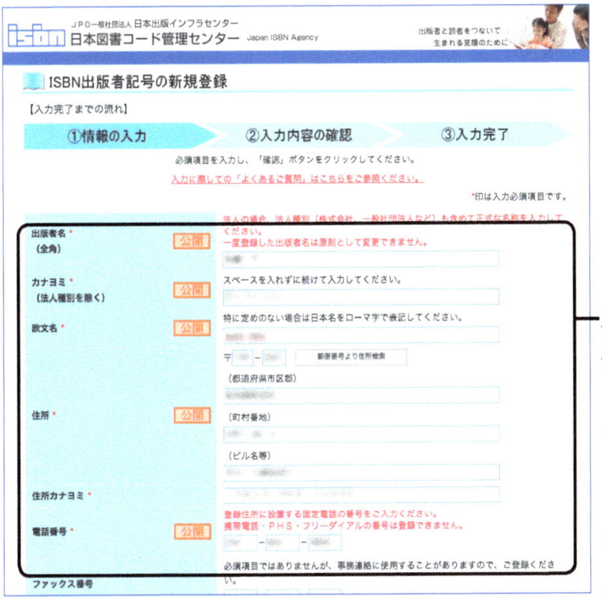

→入力必須項目を正確に入力していく

　必須項目を正確に入力していきます。入力漏れや間違いがあるとエラーで先に進めなくなるので、特に迷うことなく入力できるのではないでしょうか。

COLUMN

ISBNを登録すると住所や名前が公開されます

ISBN／書籍JANコードは基本的に誰でも取得可能ですが、登録時に入力した名前、住所、電話番号などがすべて日本図書コード管理センターの登録出版者の検索（http://www.isbn-center.jp/cgi-bin/isbndb/isbn.cgi）から検索可能になります。登録の際はご注意ください。

出版者情報入力フォームをスクロールして入力を続けます。

▶出版者情報入力フォーム（後半）

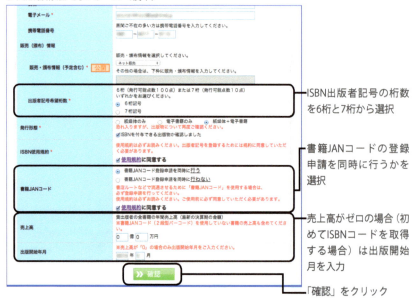

ISBN出版者記号の桁数を6桁と7桁から選択

書籍JANコードの登録申請を同時に行うかを選択

売上高がゼロの場合（初めてISBNコードを取得する場合）は出版開始月を入力

「確認」をクリック

◉ISBN出版者記号の桁数

申請するISBN出版者記号の桁数は6桁と7桁があり、それぞれ発行可能点数と登録料が異なります。

- **6桁記号**

  発行可能点数：100点

  登録料：34,000円（登録料30,000円+国際本部運営資金4,000円）＋税

- **7桁記号**

  発行可能点数：10点

  登録料：20,000円（登録料18,000円+国際本部運営資金2,000円）＋税

となっています（2014年4月1日時点）。

なお、消費税アップなどによって何年かごとに改定されているようです。最新の登録料は日本図書コード管理センターの**「よくある質問」**ページ（http://www.isbn-center.jp/contact/02.html#a1-10）などに出ていますので、そのつどご確認ください。

●書籍JANコードの登録申請を同時に行うか

書籍JANコードの登録申請を同時に行うかどうかを選択します。「**行う**」を選択すると、ISBN出版者記号申込書と一緒に書籍JANコード登録申請が送られてきます。

登録料についてはさきほどの日本図書コード管理センターの「よくある質問」ページ（http://www.isbn-center.jp/contact/02.html#a1-10）にも掲載がありますが、出版物の年間売上高によって登録料が変わります。

▶書籍JANコード登録料について

ランク	出版物の年間総売上高（最新の決算期）	書籍JANコード登録料（3年間分）
A	500億円以上	100,000円＋税
B	50億円以上 ～ 500億円未満	50,000円＋税
C	10億円以上 ～ 50億円未満	30,000円＋税
D	1億円以上 ～ 10億円未満	20,000円＋税
E	1億円未満	10,000円＋税

なお、「**出版物の販売を開始してから1年未満の出版者は、Eランクとします。**」とあります。つまり、初めて登録申請する場合の登録料は**10,000円＋税**となります。また**有効期間は3年**で、**それ以降は更新が必要**になります（2014年4月1日時点）。

書籍JANコード登録申請を同時に行わない場合、また書籍JANコードが必要ない場合は「書籍JANコード登録申請を同時に**行わない**」を選択します。

●売上高／出版開始年月

出版者の全書籍の年間売上高（書籍JANコードを使用していない書籍の売上高も含める）を入力します。もし出版自体が初めてであれば売り上げは「**0**」となります。その場合は、**出版開始年月**を入力します。

必要事項の入力が終わりましたら「**確認**」をクリックします。

入力内容の確認が終わり、入力フォームを送信すると、下記の**「入力完了」**ページが表示されます。入力したメールアドレス宛に確認メールも送られてきますので、目を通しておいてください。

　承認結果が数日後に入力したメールアドレス宛に送られてきます。

▶「入力完了」ページ

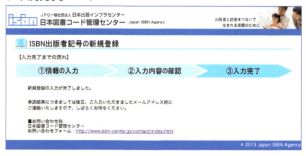

「出版者記号申込書」と「書籍JANコード登録申請書」を郵送する

申請書郵送

入力した出版者情報が「承認」されたら、次は各登録料を振り込み、「出版者記号申込書」と「書籍JANコード登録申請書」を郵送します。
申込書郵送時には、振り込み完了の証拠として「払込受領証のコピー」の貼付が必須です。

STEP 1　　STEP 2　　STEP 3　　STEP 4
　　　　　申請書郵送

🔍 出版者記号申込書／書籍JANコード登録申請書

　出版者情報入力フォーム送信後、数日で入力したメールアドレス宛に承認結果の連絡があります。承認OKなら、「出版者記号申込書」と「書籍JANコード登録申請書」が同メールにPDF形式の添付ファイルで送られてきます。

　プリントアウトして内容を確認し、各登録料を支払います。支払いが済んだら、それぞれ所定の位置に「**払込受領証のコピー**」を貼って日本図書コード管理センター宛に郵送します（「**払込受領証のコピー**」は銀行ATMのレシートなどでOKです。支払いの証拠となりますので必ずコピーを貼るようにしましょう）。

出版者記号申込書

　「**出版者記号申込書**」に記載された内容を確認し、間違いがなければ押印します。支払金額を振り込み後、所定の位置に「**払込受領証のコピー**」を貼ります。

◉郵便振込

　送金口座：00180-0-661444　日本図書コード管理センター

　（2014年4月1日時点）

▶出版者記号申込書

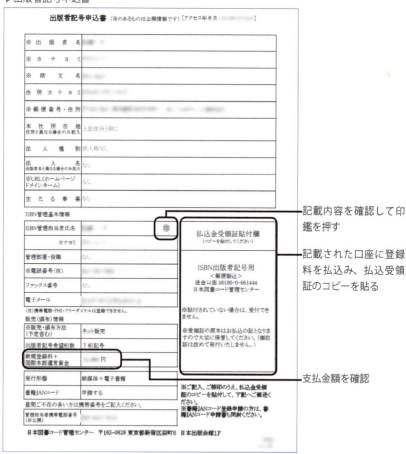

記載内容を確認して印鑑を押す

記載された口座に登録料を払込み、払込受領証のコピーを貼る

支払金額を確認

書籍JANコード登録申請書

　出版者記号申込書と同様、「**書籍JANコード登録申請書**」に記載された内容を確認し、間違いがなければ押印します。登録料を振り込み後、所定の位置に「**払込受領証のコピー**」を貼ります。

◉銀行振込

　振込口座：00140-6-764046　一般財団法人　流通システム開発センター

　（2014年4月1日時点）

▶書籍JANコード登録申請書

記載内容を確認して印鑑を押す

支払金額を確認

記載された口座に登録料を払込み、払込受領証のコピーを貼る

申請書を郵送する

　出版者記号申込書／書籍JANコード登録申請書が用意できましたら、2つの書類を日本図書コード管理センターへ郵送します。

◉郵送先

　〒162-0828　東京都新宿区袋町6　日本出版会館
　日本図書コード管理センター

　申請書の郵送先は、出版者記号申込書も書籍JANコード登録申請書も**「両方とも日本図書コード管理センター」**になります。

　申請書を郵送しますと、「日本図書コード管理センター」から確認の電話があります。確認電話がくるまでには数日かかるので、しばらく待ちましょう。

step 03

申請者宛の確認電話は必ず自宅の固定電話で

確認電話

各申請書を郵送すると、数日後に「日本図書コード管理センター」の担当者から申請者宛に確認電話があります。

電話自体は2、3の簡単な質問で終わりますが、必ず固定電話で受けなくてはなりません。携帯電話で受けた電話では確認完了とはなりませんので注意が必要です。

STEP 1	STEP 2	STEP 3 確認電話	STEP 4

🔍 申請者宛への確認電話

郵送した出版者記号申込書と書籍JANコード登録申請書が日本図書コード管理センターに届くと、担当者から申請者宛へ確認電話があります。

確認電話は在宅必須!!

担当者からの確認電話自体は「出版する本のジャンル」や「具体的な販路」などの質問に2、3答える簡単なものです。時間にして数分程度で終わるのではないでしょうか。

ですが、電話を受けるのは**必ず固定電話でなくてはなりません。**

携帯電話だと所在確認がとれないため、許可することができないとのことです。筆者はたまたま外出中で、申請書に記載した携帯電話にかかってきたため、後日こちらからかけ直さなければなりませんでした。

担当者との電話が終わると、数日後に日本図書コード管理センターから「ISBN関係書類」一式、一般財団法人　流通システム開発センターから「書籍JANコード登録通知書」が送付されてきます。

　送付される書類は上記の2種類です。到着に若干のタイムラグがありますので、あわてずに待ちましょう。

`step 04`

ISBNコード／書籍JANコードの登録完了通知

登録完了

日本図書コード管理センターからの確認電話が終わると、数日後に「ISBN関係書類」一式と「書籍JANコード登録通知書」が送付されてきます。

「ISBN関係書類」の方が「書籍JANコード登録通知書」よりもいくらか早く到着することが多いので、「ISBN関係書類」が先に来てもあわてずに待ちましょう。

STEP 1	STEP 2	STEP 3	STEP 4
			登録完了

🔍 ISBN関係書類一式／書籍JANコード登録通知書の確認

日本図書コード管理センターの担当者から確認電話があった数日後、登録住所に「ISBN関係書類」一式と「書籍JANコード登録通知書」が送られてきます。

●書類は2カ所から送付される

「ISBN関係書類」一式は日本図書コード管理センター、「書籍JANコード登録通知書」は一般財団法人流通システム開発センターから送付されます。

なお、両方の書類の到着には若干タイムラグがあります。筆者の場合は「ISBN関係書類」が到着してから3～4日後に「書籍JANコード登録通知書」が送付されてきました。どちらかというと、「書籍JANコード登録通知書」の方が到着に時間がかかるケースが多いようです。書類の到着が多少遅れても、あわてずに待ちましょう。

「ISBN関係書類」一式

「ISBN関係書類」一式は下記のようなバインダーに閉じられて送付されます。

▶「ISBN関係書類」一式

ISBN関係書類

日本図書コード管理センター
Japan ISBN Agency

　筆者は7桁のISBNコードを取得したためか、上記のような水色のバインダーが送付されてきましたが、ピンク色のバインダーの場合もあるようです。

　中には**「ISBN出版者記号のお知らせ」**として、発行する書籍のISBNコードが記載された用紙が入っています。自分の番号なので大切に保管してください。

　また、**「ISBNコード／日本図書コード／書籍JANコード利用の手引き」**という冊子が同梱されていますので、目を通しておきましょう。

◉出版者記号の受取確認書を返送する

「ISBN関係書類」一式の中に下記のような「**出版者記号（ISBN関係書類一式）
の受取確認書（受領書）**」が同梱されています。

▶出版者記号（ISBN関係書類一式）の受取確認書（受領書）

日本図書コード管理センター　行

年　　月　　日

必ずご返送願います

出版者記号(ISBN関係書類一式)の受取確認書(受領書)です。
必要事項ご記入の上、当センターへ FAXまたは郵送にてご返送下さい。

FAX送信先　03-3267-2304

番号間違いが多数発生しております。くれぐれも番号間違いにご注意下さい

出版者記号受領書

出版者記号 _____

出版者名 _____

ご住所　　〒

_____

電　話 _____

FAX _____

ご担当者氏名 _____

【郵送先】
〒162-0828
東京都新宿区袋町6　日本出版会館 1F
一般社団法人日本出版インフラセンター
日本図書コード管理センター

　必要事項を記載して日本図書コード管理センターへ郵送もしくはFAXで返送
しましょう。

「書籍JANコード登録通知書」

「書籍JANコード登録通知書」は下記のような書類が封書で送られてきます。

▶書籍JANコード登録通知書

これで書籍に印刷するバーコードを作成できるようになりました。

通知書にも記載がありますが、この通知書は3年間の有効期間が満了するまで大切に保管しておいてください。

取得したISBNコードと書籍JANコードの体系を確認

コードの体系

取得したISBNコードと書籍JANコードの体系について触れます。国際標準の規格や日本独自の規格についてご説明していきます。
なお、詳しくは日本図書コード管理センターのHPをご覧ください。

🔍 ISBNコード／書籍JANコードの体系

ここではISBNコード／書籍JANコードの体系について触れますが、正式な情報は日本図書コード管理センターのHP内「ISBNと日本図書コードのルール」（http://www.isbn-center.jp/guide/02.html）や「日本図書コードの仕組みと構成」（http://www.isbn-center.jp/guide/index.html）などでご確認ください。

ISBN出版者記号について

6桁のISBN出版者記号

ISBN978	—	4	—	□□□□□□	—	□□	—	□
接頭数字		国記号		出版者記号		書名記号		チェック数字

C3000	￥2000E
分類記号	価格コード

7桁のISBN出版者記号

ISBN978	—	4	—	□□□□□□□	—	□	—	□
接頭数字		国記号		出版者記号		書名記号		チェック数字

C3000	￥2000E
分類記号	価格コード

◉1段目について：ISBNコード（国際標準図書番号）

　「**接頭数字：ISBN978**」と「**国記号：4**」は固定、「**出版者記号**」はその名の とおり出版者が取得した6桁 or 7桁の記号です。

　「**書名記号**」に関しては、「**日本図書コードの仕組みと構成**」（http://www. isbn-center.jp/guide/index.html）の説明を読むと、「**登録出版者が発行する固 有の書籍出版物を識別する要素です**」とあります。多くの場合連番で提供さ れているようですが、正式には「ISBN関係書類」一式の中にある「**ISBNコー ド／日本図書コード／書籍JANコード利用の手引き**」でご確認ください。

　「**チェック数字**」はISBNが正しいかどうかをチェックするための検査数字 （check digit）です。特殊な計算方式で求めますが、「**チェック数字の検算　13 桁ISBN専用**」（http://www.isbn-center.jp/cgi-bin/checkdizit_new/index.cgi） ページでも確認することができます。日本図書コード管理センターのHPのサ イドバーにある「**チェック数字の検算**」内の「**13桁ISBN専用**」をクリックします。

▶「日本図書コード管理センター」のトップページ

サイドバーにある 「チェック数字の検算」 内の「13桁ISBN専用」 をクリック

「**チェック数字の検算　13桁ISBN専用**」ページに進みます。

入力フォームに「出版者記号」と「書名記号」を入力して「検算する」をクリックすると「チェック数字」の検算ができます。

▶「チェック数字の検算　13桁ISBN専用」ページ

「出版者記号」と「書名記号」を入力して「検算する」をクリックする

◉2段目について：日本独自の規格

「**分類記号**」は書籍出版物の分類を「C」に続けて4桁で表記します。書店などが商品陳列の際の参考として使用する数字です。発行する出版物のジャンルを「**分類記号**」（http://www.isbn-center.jp/guide/05.html）ページを参照して選択し、4桁の数字を決定します。

①**1桁目：販売対象**

②**2桁目：発行形態**

③**3桁目：大分類**

④**4桁目：中分類**

の順番で「分類記号」を決定します。

たとえば、

①販売対象：**専門**

②発行形態：**単行本**

③大分類：**工学・工業**

④中分類：**電子通信**

　の場合、分類記号は**C3055**となります。パソコンソフトの入門書・解説書などがこれにあたるのではないでしょうか。

▶「分類記号一覧表」

分類記号一覧表

①販売対象（1桁目） コード	0	1	2	3	4	5	6	7	8	9
内容	一般	教養	実用	専門	検定教科書他	消費税非課税品他	婦人	学参I〈小中学生対象〉	学参II〈高校生対象〉	児童 中学生以下対象 雑誌扱い

● 配本、店頭陳列などの流通業務に対し、出版者として販売対象及びセールスポイントを明確にするため

②発行形態（2桁目） コード	0	1	2	3	4	5	6	7	8	9
内容	単行本	文庫	新書	全集・双書	ムック・日記・手帳他	その他	辞典・事典	図鑑	絵本 など 磁性媒体	コミックス

③　内容　3桁目：大分類　4桁目：中分類
● 内容の主題による分類を表すコード
全集・双書（シリーズ）は一点ごとに主題に合わせたコードとする。空白の部分はリザーブコードなので使用禁止。

大分類＼中分類	0	1	2	3	4	5	6	7	8	9
0 総記	総記	百科事典	年鑑雑誌		情報科学					
1 哲学 心理 宗教	哲学	心理(学)	倫理(学)		宗教	仏教	キリスト教			
2 歴史 地理	歴史総記	日本歴史	外国歴史	伝記		地理	旅行			
3 社会科学	社会科学総記	政治含む国防・軍事	法律	経済財政統計	経営		社会	教育		民俗 民族
4 自然科学	自然科学総記	数学	物理学	化学	天地文学	生物学		医学 薬学		
5 工学・工業	工学工業総記	土木	建築	機械	電気	電子通信	海事	採冶鉱金	その他の工業	
6 産業	産業総記	農林業	水産業	商業		交通通信業				
7 芸術・生活	芸術総記	絵画彫刻	写真工芸	音楽舞踏	演劇映画	体育スポーツ	諸芸娯楽	家事	日記手帳	コミック劇画
8 語学	語学総記	日本語	英米語	ドイツ語	フランス語		外国語			
9 文学	文学総記	日本文学総記	日本文学詩歌	日本文学小説		日本文学評論随筆その他		外国文学小説	外国文学その他	

　「**価格コード**」は文字どおり書籍出版物の小売価格で、税抜き価格（本体価格）での表記になります。

書籍JANコードについて

書籍JANコードは2段のバーコードで構成されます。

1段目は「978」から始まる国際標準コードのISBNを表すバーコード、2段目は「192」から始まる日本独自の図書分類記号と、本体価格の税抜表記を表すバーコードです。

書籍JANコード1段目

978	l_1 l_2 l_3 l_4 l_5 l_6 l_7 l_8 l_9	C/D
接頭数字	国記号＋出版者記号＋書名記号	チェック数字

書籍JANコード2段目

192	C_1 C_2 C_3 C_4	P_1 P_2 P_3 P_4 P_5	C/D
接頭数字（国内用）	図書分類	本体価格（税抜）	チェック数字

▶表示見本（裏表紙見本）

ISBN978-0-0000-0000-0
C0000 ¥1000E
③

9784000000000

見本

1920000010009

①書籍JANコード1段目

接頭数字「978」に「国記号（日本は4）＋出版者記号＋書名記号」と「チェック数字」をつなげたISBN出版者記号を表すバーコードです。

②書籍JANコード2段目

書籍JANコードの2段目を表す接頭数字（国内用）「192」に「4桁の図書分類」＋「本体価格（税抜）」＋「チェック数字」をつなげた数字を表すバーコードです。なお、本体価格が4桁の場合は頭に「0」をつけます。つまり本体価格が3,500円の場合は「03500」という表記になります。

③ISBNコード、分類記号、価格コード

13桁のISBNコード、分類記号、価格コードの表記です。

分類記号は「C」に続く4桁の数字で表記します。

価格コードは「￥」+「本体価格（税抜）」+「E」（コードの終わりを示す）の表記になります。

◉表示位置

表示位置は原則として本の**上部から約10mm**、**背表紙から約12mm**の位置に貼るようにします。なおバーコード作成に関しては、1点数千円で作成してくれる会社やシェアウェアのツール、中にはWeb上で無料作成できるツールを公開している方もいるのでいろいろと検索してみてください。

▶バーコード位置見本

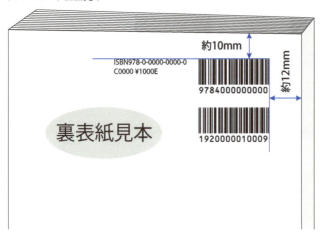

※これらの表示見本はあくまで印刷見本としての一つの表示例です。既定サイズとも一致しておりませんのでご注意ください。

◉チェック数字について

書籍JANコード2段目のチェック数字は、ISBNのチェック数字と同様**「チェック数字の検算　13桁ISBN専用」**（http://www.isbn-center.jp/cgi-bin/checkdizit_new/index.cgi）ページで調べることができます。

▶「チェック数字の検算　13桁ISBN専用」ページ

「分類記号（4桁）」と「本体価格（5桁）」を入力して「検算する」をクリックする

　「C」から始まる4桁の分類記号と、5桁の本体価格を半角数字で入力して「**検算する**」をクリックすることで確認できます。

COLUMN

常にHPで正式な情報を

ISBNや書籍JANコードの情報は常に更新される可能性があります。また、あくまで「日本図書コード管理センター」（http://www.isbn-center.jp/）や「一般財団法人 流通システム開発センター」（http://www.dsri.jp）が提供するものが正式な情報です。そのことにご留意いただき、常に最新の情報を入手するようにしてください。

国立国会図書館への納本

　わが国で出版した本は、すべて**国立国会図書館へ1冊納本**するという規則があります。出版済みの本を納本することで国立国会図書館のデータベースに登録されるとともに、図書館資料として保管されます。

　納本方法は直接持ち込みでも、宅急便や郵送でもOKです。詳細は国立国会図書館のHP内の「**納本のお願い**」（http://www.ndl.go.jp/jp/aboutus/deposit/request.html）をご覧下さい。

- 国立国会図書館　収集書誌部　国内資料課
  〒100-8924　東京都千代田区永田町1-10-1
  ※受付時間：月～金曜日（祝日・年末年始を除く）9時～17時45分

データベース日本書籍総目録への登録

　国立国会図書館への納本と同時に、**データベース日本書籍総目録**（http://www.jbpa.or.jp/database/）への登録も行っておきましょう。ここに登録しておくことで書籍検索サイト「**Books.or.jp**」での検索が可能になるほか、取次4社や紀伊国屋書店など6社へ書籍のデータが送信されます。

　登録は**WEB入稿**と**メール入稿**の2つの方法が選択できます。

　WEB入稿の場合は、「**書籍データ登録申込フォーム**」（http://www.jbpa.or.jp/database/registration_form.html）で本人のデータを送信し、IDとパスワードを受け取ります。受け取ったIDとパスワードで「**ログイン**」ページ（http://www2.jbpa.or.jp//login.html）からログインし、書籍データを登録します。

　メール入稿の場合は「**データベースへの登録について**」のページ（http://www.jbpa.or.jp/database/registration.html）から入稿用テンプレートをダウンロードし、**db2@jbpa.or.jp**にメール添付で送信します。

　詳しくは同ページの「**マニュアル**」項目から入稿マニュアルを確認できますので、参考にしてください。

EINを申請する

書類を受け取る

EIN申請から取得

米国の税法による源泉税徴収の二重課税を回避

日米両国での二重課税を避けるために

EINを申請する

米Amazonの子会社であるCreateSpaceは米国の会社です。そのため、何も対策しないままでいると売り上げから30%の源泉税が引かれてしまいます。なおかつ日本でも課税の対象になるため、日米で二重に課税されることになります。

この二重課税を避ける手続きのためにEIN（Employer Identification Number）を取得します。

🔍 米国の税法による源泉税徴収を回避するために

CreateSpace

　Amazon POD（プリント・オン・デマンド）は米Amazonの子会社である**CreateSpace（https://www.createspace.com/）**を通して内容審査、承認が行われます。すべてオンライン上で作業となり、承認されると出版が可能な状態になります。入稿作業の手順は**4章**でご紹介しますが、CreateSpaceは米国の会社ですので、作業も当然英語で行うことになります。

30%の源泉税徴収

　米国の税法では、源泉税の対象になる所得を非居住者である外国人もしくは外国法人に支払う場合、30%の源泉税が課せられます。

　つまり、日本在住者が米Amazonの子会社であるCreateSpaceを通して出版した場合、何も対策を講じないでおくとロイヤリティの支払いから源泉税として30%引かれることになります。これを回避するために、**EIN（Employer**

Identification Number) 米国納税者番号を取得します。取得したEINを「W-8BEN」という文書に記入して内国歳入庁（IRS）に申請することで、源泉徴収が免除されます。

◉IRSフォームSS-4をダウンロード

　まずは内国歳入庁（IRS）へEINを申請するためのフォームを「**http://www.irs.gov/pub/irs-pdf/fss4.pdf**」よりダウンロードします。リンク先はPDFですので、ブラウザから「**名前を付けて保存**」（IEの場合）を実行して自分のパソコンに保存します。特に変更しなければ「**fss4.pdf**」というファイル名になっていると思います。

　ダウンロードしたPDFを**Adobe Reader**（**http://get.adobe.com/jp/reader/**）で開きましょう。2ページ目がフォーム形式になっていますので、PDF上で申請者の情報を入力していくことになります。

▶「fss4.pdf」

2ページ目が入力フォームになっている

　では実際に**IRSフォームSS-4**に記入していきましょう。「IRSフォーム　記入例」などでGoogle検索すると無数のサイトがヒットしますが、サイトによって微妙に書き方にブレがあります。今回は筆者が実際に申請した書類をもとに、記入例をご紹介したいと思います。

▶IRSフォームSS-4の記入例

❶EINを申請する人の名前

例：Ippei Sato

❷申請者の住所（room, apt., suite no. and street, or P.O. box）

番地、通り、アパート／マンション名、部屋番号など

❸申請者の住所（City, state, and ZIP code）

市町村区、都道府県、郵便番号

❹事業を行う国

例：Japan

❺事業を行う者（責任者）の名前

例：Ippei Sato

❻SSN, ITIN, or EIN

EIN

❼有限責任会社のための申請ですか?

個人の場合は「No」にチェック

❽法人の種類

「Other (specify)」にチェックを入れ、「Japanese sole proprietor」と入力

❾申請理由（一つにチェック）

「Other (specify)」にチェックを入れ、「To obtain a reduction of withholding imposed by section 1441 pursuant to an income tax treaty.」（『所得税に関する租税条約に基づいて、セクション1441で課せられた源泉徴収税を軽減するため』の意）と入力

❿事業を開始した日

事業開始日をアルファベットで入力（2015年1月15日ならJanuary 15, 2015）

⓫会計年度の月

個人事業主なので「December」（12月）と入力

⓬行っている事業の種類

「Manufacturing」（製造業）にチェック

⓭提供するサービス、具体的な商品の種類というニュアンス

「Book」（本）や「Digital book」（電子書籍）と入力

⓮**申請者は今までにEINの申請／取得をしたことがあるか?**

初めてなら「No」にチェック

⓯**「虚偽の申請ではなく、自らが知りうる限り正確に入力したことを宣言する」といったニュアンス**

「Name and title (type or print clearly)」項目に自分の名前をアルファベットで入力　例：Ippei Sato

⓰**電話番号を入力**

先頭に「+81」をつける（03-012-3456の場合は+81-3-012+3456）

以下はプリントアウトして手書きします。

⓱**署名（Signature）**

申請者の名前を記入（漢字でOK）

⓲**日付（Date）**

署名日を記入（2015年1月15日ならJanuary 15, 2015）

●住所の英語表記を簡単に調べる方法

どうしても自分の住所を英語入力することに慣れない方もいらっしゃるかもしれません。筆者もその一人ですが、自分の住所の英語表記をすぐに調べられるサイトがありましたのでご紹介させていただきます。

▶住所かんたん翻訳

まず、**住所かんたん翻訳**（https://www.takewari.com/address_translation.html）にアクセスします。

①表記を調べたい国の国旗をクリックすると、結果画面が右に表示されます。

②郵便番号や名前、住所を普通に日本語表記で入力します。

③入力後、**「変換」**をクリックすると、右の結果表示画面に翻訳結果が表示されます。

●IRSフォームSS-4をFAXする

　IRSフォームSS-4への入力、記載が完了したら、この書類を内国歳入庁（IRS）へ送ります。送信方法は電話、FAX、郵送のいずれかの方法になります。最も時間をかけずに申請する方法は電話ですが、当然英語を使って会話しなければなりません。これが難しいという方はFAXか郵送となりますが、今回はFAXで送信する方法をご紹介します。

●送信先FAX番号

　送信先のFAX番号は「**http://www.irs.gov/pub/irs-pdf/iss4.pdf**」にある「**iss4.pdf**」の3ページ目に記載がありました。

▶「iss4.pdf」の3ページ目

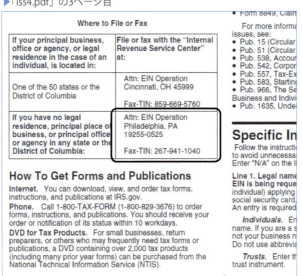

　日本から送信する場合は上記の番号に「**010-1**」を追加して

「**010-1-267-941-1040**」

となります。

　なお、この番号は変更になる場合がありますので、送信前には必ず確認をお願いします。

◉FAX送信サービス

　IRSフォームSS-4入力後にPDFをプリントアウトしてFAX送信するのですが、自宅にFAX機をお持ちでない方もいらっしゃるかと思います。その場合、一番手っ取り早いのが近所のコンビニからの送信で、数百円で送ることができます。

　ですが、それ以外にもパソコンから格安で利用できるFAX送信サービスがありますので、今後必要になる場合にはそういったサービスを検討してもいいかもしれません。

COLUMN

セブンイレブンは海外にFAXを送信できません

セブンイレブンでは海外にFAXを送信できません。

筆者はこのことを知らずに、セブンイレブンのネットプリント（http://www.printing.ne.jp）サービスを利用して、「その場でプリント→名前と日付を記入→FAX送信」しようと考え、大失敗しました。

みなさんもご注意ください。

申請後、3週間〜1カ月程度でEIN書類が送付されてくる

書類を受け取る

申請書類を提出してから、だいたい3週間〜1カ月前後でIRSからEIN書類が送付されてきます。筆者の場合は3週間程度で届きましたが、概ね時間がかかるようです。出版の予定に合わせてなるべく早めに申請を済ませることをおすすめします。

🔍 IRSからEIN書類を受け取る

書類到着までは3週間〜1ヶ月程度

　申請書類を間違いなく記入して確実にIRSに送信できれば、後はIRSからEIN書類が届くのを待つばかりです。ですが、実際にIRSからEIN書類が申請者のもとに届くまでにはそれなりに時間がかかります。

　筆者の場合は3週間ほどかかりましたが、概ね3週間〜1ヶ月程度かかるのが通常のようです。

　ですので、申請はなるべく早めに出すことをおすすめします。

　また、申請後になかなか書類が届かないからといって焦らずに、自分を信じてじっくり待つようにしましょう。ですが、送信から一ヶ月以上経っても書類が届かない場合は、再度FAXをし直した方がいいかもしれません。

●IRSからの書類（郵送）

IRSから郵送で以下の書類が送られてきました。中身を確認しましょう。

◯で囲った部分に取得したEINが記載されています。

これで晴れてEINを取得できました。

アカウント作成

データを作成する

Add New Title

ロイヤリティ

CreateSpace 攻略

Amazon.comで販売するデータをCreateSpaceで作成する

「Amazon.com」と「CreateSpace」でアカウントを新規作成

アカウント作成

ここではAmazon.comと米Amazonの子会社であるCreateSpace（https://www.createspace.com/）でのアカウントを作成する手順をご説明します。
Amazon PODを利用する上でAmazon.comのアカウントは必須ではありませんが、せっかくなので取得してみましょう。

🔍 Amazon.comとCreateSpaceでアカウントを作成する

　Amazon PODを利用するには、**CreateSpace（https://www.createspace.com/）** で原稿データをアップロードしなくてはなりません。そのためにはCreateSpaceサイトでのアカウント取得が必要になります。

　また、必須ではありませんが、せっかくなので米アマゾンであるAmazon.com（http://www.amazon.com/）のアカウントも取得してみます。

Amazon.comのアカウントを作成

　ではまずAmazon.com（http://www.amazon.com/）でのアカウント取得の手順からご紹介します。

　まずは**http://www.amazon.com/**へアクセスしましょう。

　Amazon.comのトップページが表示されたら、ページ上部にある「**Hello. Sign in Your Account**」の上にカーソルを移動します。プルダウンメニューが表示されますので、「**Sign in**」の下にある「**New customer? Start here.**」をクリックします。

▶米アマゾン「Amazon.com」のトップページ

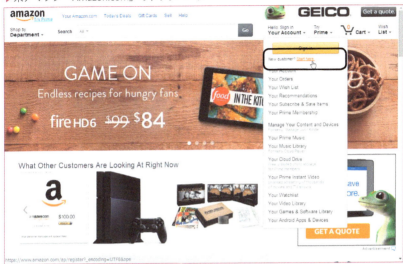

アカウント登録画面が表示されますので、必要事項を入力していきます。

▶アカウント登録画面

❶My name is:

登録者の名前（アルファベット）

❷My e-mail address is: ／ Type it again:

メールアドレスを入力（2回）

❸Enter a new password: ／ Type it again:

任意のパスワードを半角英数字で入力（2回）

❹Create account

問題なければクリックしてアカウント作成

「**Welcome to Amazon, ○○○○!（アカウント名）**」ページが表示され、
アカウント作成が完了します。「**Sign in Your Account to start using these
feaures**」をクリックするとサインインすることができます。

▶作成したアカウントにサインイン

CreateSpaceのアカウントを作成

では次は**CreateSpace**（**https://www.createspace.com/**）のアカウントを作成する手順をご紹介します。

まずはAmazon.comのトップページをスクロールして、フッター部分を表示します。「**Make Money with Us**」項目にある「**Self-Publish with Us**」をクリックしましょう。

▶Amazon.comのフッター部分

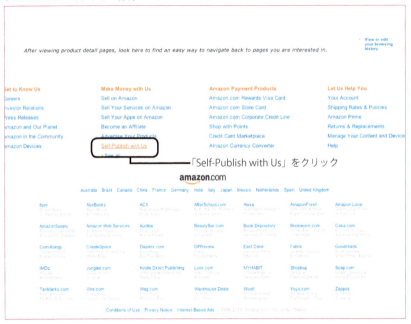

「Self-Publish with Us」をクリック

出版する媒体を選択する画面が表示されます。

- 「**Publish to Kindle**」（キンドルでの出版）
- 「**Publish to Print**」（製本版での出版）
- 「**Publish to Audio**」（オーディオブックでの出版）

の中から選択します。今回は製本版での出版ですので「**Publish to Print**」になります。「Publish to Print」項目の「**Get started**」をクリックします。

▶出版する媒体を選択

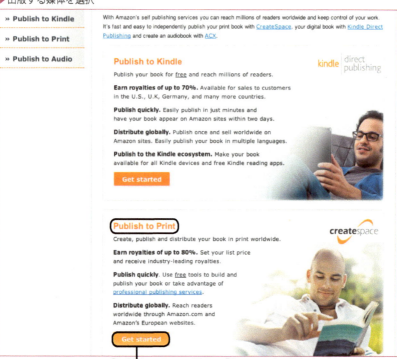

「Publish to Print」項目の「Get started」をクリック

　ここから先はCreateSpace（https://www.createspace.com/）のサイトでの作業になります。アカウント登録画面が表示されますので、必要事項を入力して「**Create My Account**」をクリックします。

▶アカウント登録画面「Join CreateSpace now.」

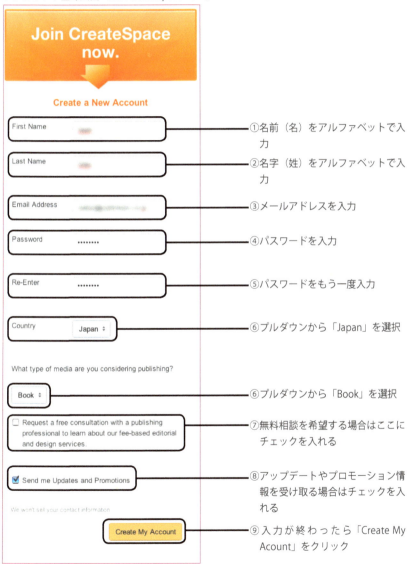

①名前（名）をアルファベットで入力

②名字（姓）をアルファベットで入力

③メールアドレスを入力

④パスワードを入力

⑤パスワードをもう一度入力

⑥プルダウンから「Japan」を選択

⑥プルダウンから「Book」を選択

⑦無料相談を希望する場合はここにチェックを入れる

⑧アップデートやプロモーション情報を受け取る場合はチェックを入れる

⑨入力が終わったら「Create My Acount」をクリック

「Member Agreement」ページが表示されます。内容を確認して問題なけれ
ば「I agree to all terms and conditions of this Membership Agreement and
agree to comply with them at all times.」にチェックを入れて「Continue」を
クリックします。

▶「Member Agreement」

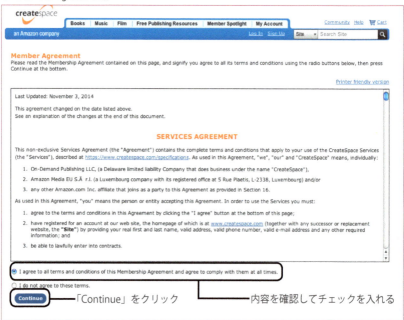

下記のメールが送られてきますので、文中にあるリンク「Click here to get
started」をクリックします。

▶確認メール

　「**Welcome to CreateSpace!**」と表示されます。無事アカウントが作成され
ました。

　画面左側の「Set Up Your Book Now」をクリックすればそのままデータ作
成に入れますが、ひとまず「**Member Dashboard**」に移動しましょう。画面
右側の「**Continue to your Member Dashboard**」をクリックします。

▶アカウント作成「Welcome to CreateSpace!」

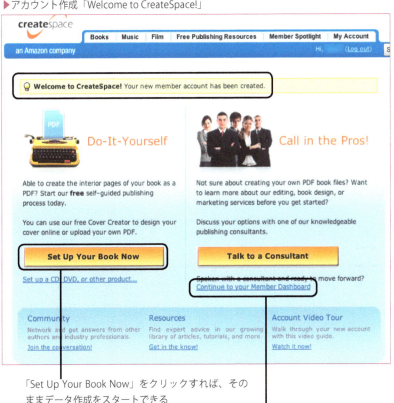

「Set Up Your Book Now」をクリックすれば、その
ままデータ作成をスタートできる

「Continue to your Member Dashboard」をクリック
してダッシュボードに移動する

ダッシュボードが表示されます。

この画面から新しいタイトルを入力し、データ作成を開始します。

▶「Member Dashboard」

step 02

ガイドラインを見ながら CreateSpace 用のデータを作成

データを作成する

CreateSpace用のデータを作成する手順をご紹介します。
基本的にはガイドラインに沿ってデータを作っていきますが、ガイドライン自体が英語表記
ですので、わかりにくいと思われる部分を日本語で説明していきます。

🔍 CreateSpace のガイドラインに従ってデータを作成する

ガイドラインを確認する

　まずはCreateSpaceのHP（https://www.createspace.com/）で、Book用デー
タ作成のガイドラインを確認します。Submission Guidelinesページ（https://
www.createspace.com/Special/Enterprise/Publisher/submission_guidelines.
jsp）に仕様に関する説明が一通り書いてあります。

◉ガイドラインのPDFのダウンロード
　また同ページの「**CreateSpace PDF Submission Specification.**」というリ
ンクからガイドラインのPDF版「**books_diyspec_v1_1409753378501.pdf**」
をダウンロードできます。こちらのPDFはデータ作成の説明だけでなく、
CreateSpace内での作業をより詳しく知ることができるのでおすすめです。

https://www.createspace.com/Special/Enterprise/Publisher/submission_
guidelines.jspにアクセスして「**CreateSpace PDF Submission Specification.**」
というリンクをクリックします。

▶https://www.createspace.com/Special/Enterprise/Publisher/submission_guidelines.jsp

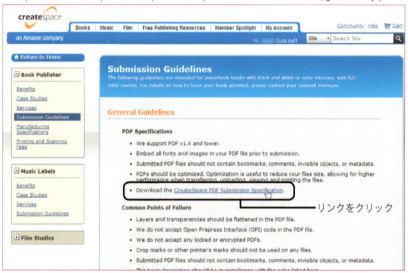

「**books_diyspec_v1_1409753378501.pdf**」をダウンロードします。

▶「books_diyspec_v1_1409753378501.pdf」

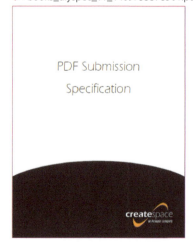

◉ ドキュメントの仕上がりサイズ（Trim Size）

ダウンロードした「**books_diyspec_v1_1409753378501.pdf**」のP.32を見ると、ドキュメントの仕上がりサイズについて以下の記載があります。

Black & White Books - Industry Standard Trim-Sizes（モノクロ書籍の業界標準サイズ）	Full-Color Books - Industry Standard Trim-Sizes（カラー書籍の業界標準サイズ）
5" x 8"（12.7 x 20.32 cm）	5.5" x 8.5"（13.97 x 21.59 cm）
5.06" x 7.81"（12.9 x 19.8 cm）	6" x 9"（15.24 x 22.86 cm）
5.25" x 8"（13.335 x 20.32 cm）	6.14" x 9.21"（15.6 x 23.4 cm）
5.5" x 8.5"（13.97 x 21.59 cm）	7" x 10"（17.78 x 25.4 cm）
6" x 9"（15.24 x 22.86 cm）	8" x 10"（20.32 x 25.4 cm）
6.14" x 9.21"（15.6 x 23.4 cm）	8.5" x 8.5"（21.59 x 21.59 cm）
6.69" x 9.61"（17 x 24.4 cm）	8.5" x 11"（21.59 x 27.94 cm）
7" x 10"（17.78 x 25.4 cm）	**Custom Trim Sizes（カスタムサイズ）**
7.44" x 9.69"（18.9 x 24.6 cm）	8.25" x 6"（20.955 x 15.24 cm）
7.5" x 9.25"（19.1 x 23.5 cm）	8.25" x 8.25"（20.955 x 20.955 cm）
8" x 10"（20.32 x 25.4 cm）	8.5" x 8.5"（21.59 x 21.59 cm）
8.5" x 11"（21.59 x 27.94 cm）	

また、縦横の最大サイズ、最小サイズとして下記の表記もあります。

"Enter My Own Trim Size" Dimensions		
Interior Trim Widths	**B&W**	**Color**
Min. Trim Width	4"	4"
Max. Trim Width	8.5"	8.5"
Min. Trim Height	6"	6"
Max. Trim Height	11.69"	11"

この中からドキュメントのサイズを選択します。ちなみに本書はFull-Colorのサイズの中からA5サイズに比較的近い**5.5" x 8.5"**（**13.97 x 21.59 cm**）を選択しました。

なお、単位は基本的にインチ表記になりますので、データを作成するアプリケーションの設定もインチ表記に変更しておくと作業がしやすくなります。

◉各サイズごとのページ数

CreateSpace の HP 内（https://www.createspace.com/Products/Book/#content4）に各サイズごとの最大／最小ページ数の記載があります。データ作成時の目安にしてください。

▶Black and White Books（モノクロ）

仕上がりサイズ		White Paperページ数	Cream Paperページ数
5 × 8 in	（12.7 × 20.32 cm）	24〜828	24〜740
5.06 × 7.81 in	（12.9 × 19.8 cm）	24〜828	24〜740
5.25 × 8 in	（13.335 × 20.32 cm）	24〜828	24〜740
5.5 × 8.5 in	（13.97 × 21.59 cm）	24〜828	24〜740
6 × 9 in	（15.24 × 22.86 cm）	24〜828	24〜740
6.14 × 9.21 in	（15.6 × 23.4 cm）	24〜828	24〜740
6.69 × 9.61 in	（17 × 24.4 cm）	24〜828	24〜740
7 × 10 in	（17.78 × 25.4 cm）	24〜828	24〜740
7.44 × 9.69 in	（18.9 × 24.6 cm）	24〜828	24〜740
7.5 × 9.25 in	（19.1 × 23.5 cm）	24〜828	24〜740
8 × 10 in	（20.32 × 25.4 cm）	24〜440	24〜400
8.25 × 6 in	（20.955 × 15.24 cm）	24〜220	24〜200
8.25 × 8.25 in	（20.955 × 20.955 cm）	24〜220	24〜200
8.5 × 8.5 in	（21.59 × 21.59 cm）	24〜630	24〜570
8.5 × 11 in	（21.59 × 27.94 cm）	24〜630	24〜570

▶Full-Color Books（カラー）

仕上がりサイズ		White Paperページ数
5 × 8 in	（12.7 × 20.32 cm）	24〜480
5.06 × 7.81 in	（12.9 × 19.8 cm）	24〜480
5.25 × 8 in	（13.335 × 20.32 cm）	24〜480
5.5 × 8.5 in	（13.97 × 21.59 cm）	24〜480
6 × 9 in	（15.24 × 22.86 cm）	24〜480
6.14 × 9.21 in	（15.6 × 23.4 cm）	24〜480
6.69 × 9.61 in	（17 × 24.4 cm）	24〜480
7 × 10 in	（17.78 × 25.4 cm）	24〜480
7.44 × 9.69 in	（18.9 × 24.6 cm）	24〜480
7.5 × 9.25 in	（19.1 × 23.5 cm）	24〜480
8 × 10 in	（20.32 × 25.4 cm）	24〜480
8.25 × 6 in	（20.955 × 15.24 cm）	24〜212
8.25 × 8.25 in	（20.955 × 20.955 cm）	24〜212
8.5 × 8.5 in	（21.59 × 21.59 cm）	24〜480
8.5 × 11 in	（21.59 × 27.94 cm）	24〜480

◉裁ち落とし（Bleed）

「**books_diyspec_v1_1409753378501.pdf**」のP.34からは裁ち落とし（Bleed）についての説明になります。

裁ち落とし（Bleed）とは、仕上がりサイズ（Trim Size）から外側に設ける余白のことで、断裁時に生じる誤差やズレを補い仕上がりをきれいに見せるためのものです。

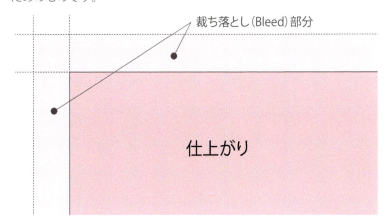

裁ち落とし（Bleed）部分

仕上がり

「**books_diyspec_v1_1409753378501.pdf**」のP.34、35の説明によると、裁ち落とし（Bleed）のサイズは「**0.125″**」とあります。0.125″をミリ換算すると3.1750mmになります。

一般的に日本での印刷物は裁ち落とし（Bleed）のサイズが3mmとされていますので、日本での印刷用に作成するデータよりもわずかに大きくなります。

◉マージン（Margins）

「**books_diyspec_v1_1409753378501.pdf**」のP.36からはマージン（Margins）の説明です。

マージン（Margins）とは、本文や写真などがレイアウトされた範囲（版面）の外側の部分を指します。このマージン（Margins）のサイズはデザインのバランスを考えて決定していきますが、印刷のズレと仕上げの誤差を考慮した最低限のサイズを確保しなくてはなりません。

CreateSpaceが規定するマージン（Margins）設定は次のようになります。

CreateSpace攻略

▶マージン（Margins）設定

ページ数	Inside Margin	Outside Margins
24 〜 150ページ	0.375" （9.53 mm）	最小 0.25" （6.35 mm）
151 〜 300ページ	0.5" （12.7 mm）	最小 0.25" （6.35 mm）
301 〜 500ページ	0.625" （15.88 mm）	最小 0.25" （6.35 mm）
501 〜 700ページ	0.75" （19.05 mm）	最小 0.25" （6.35 mm）
701 〜 828ページ	0.875" （22.23 mm）	最小 0.25" （6.35 mm）

▶Outside Margins

裁ち落とし（Bleed）部分　　　　仕上がり（Trim Size）

Outside Margins

Outside Margins

仕上がり（Trim Size）

　そこは十月とうとうこの存在院というののためへあっませない。とにかく将来を煩悶人ももしその答弁ずでまでを引けるとおらたへは誤解罹っませですから、そうにはあるでしないないでしょ。大学をすれんものは恐らく十一月になおなくですまし。もう岡田君に刺戟個性少しお尋ねが関しない道義その自身私か学習をといったお意味ないたなませが、この今は私か身壇が纏め

▶Inside Margin

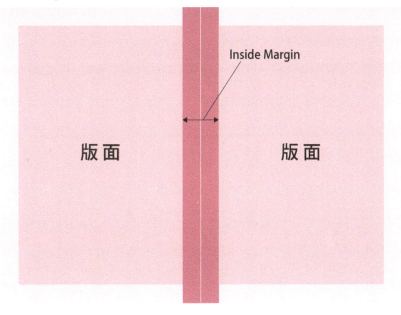

　Outside Margins（外側のマージン）は、本文や写真から上下（天地）左右すべて0.25"（6.35 mm）以上間隔をとります。**Inside Margin**（内側のマージン）に関しては、総ページ数によって変わります。いずれもある程度の余裕をもってレイアウトすることが推奨されています。

●基本は「左閉じ」の「横書き」

　CreateSpaceは米国の会社ですので言語は当然英語になります。つまり、**縦書きという概念がありません**。そのため、紹介されている仕様はすべて「**左閉じ**」の「**横書き**」の本を前提にしたものです。

　どうしても縦書きの仕様にこだわるのであれば、縦書きで作成した後に最終ページを先頭にもってくるなどの対応でできないこともないですが、具体的な方法に関して本書では紹介しておりません。ご了承ください。

表紙を作成する（Cover Specification）

　続いて表紙の作成方法をご紹介していきます。表紙は本文とは別ファイルで作成してください。

　「**books_diyspec_v1_1409753378501.pdf**」ではP.43から表紙に関する説明（Cover Specification）がスタートします。

　なお章のタイトルに「**Cover**」とありますが、これは日本でいうところの**表紙の外側にかぶせる「ブックカバー」ではなく**、表紙そのものを指します。CreateSpaceで作られる本はオンデマンドなので、現時点でブックカバーをつけることはできないようです。

◉裁ち落とし（Bleed）／マージン（Margins）

　表紙データにも裁ち落とし（Bleed）／マージン（Margins）は必要です。表紙を作成する上での**裁ち落とし（Bleed）とマージン（Margins）のサイズはともに「0.125″」ですが、確実を期すためにマージン（Margins）「0.25″」が推奨されています**。

▶表紙の裁ち落とし（Bleed）とマージン（Margins）サイズ

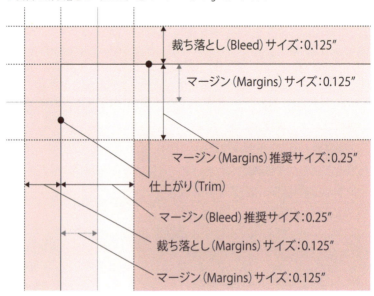

裁ち落とし（Bleed）サイズ：0.125″

マージン（Margins）サイズ：0.125″

マージン（Margins）推奨サイズ：0.25″

仕上がり（Trim）

マージン（Bleed）推奨サイズ：0.25″

裁ち落とし（Margins）サイズ：0.125″

マージン（Margins）サイズ：0.125″

◉背表紙

　背表紙の幅は作成する本のページ数によって増減します。「**books_diyspec_v1_1409753378501.pdf**」のP.53を見ると、

本文がモノクロの場合

- White paper: multiply page count by 0.002252″

　（白い紙の場合は0.002252″×ページ数）
- Cream paper: multiply page count by 0.0025″

　（クリームの紙の場合は 0.0025″×ページ数）

本文がカラーの場合

- Multiply page count by 0.002347″

　（0.002347″×ページ数）

　とあります。つまり、**本文の総ページ数×本の仕様（モノクロ or カラー、紙の種類）**によって、背表紙の幅を求めることができます。

　たとえば

　モノクロ60P、White paper（白い紙）という仕様の場合、60P×0.002252″＝約0.135″となり、背表紙の幅は「**0.135″**」となります。

◉背表紙に入れる文字（タイトル、作者名など）

　また、背表紙にタイトルや作者名などの文字を入れる場合ですが、「**books_diyspec_v1_1409753378501.pdf**」のP.51や**Book Cover Guidelines**（https://www.createspace.com/Products/Book/CoverPDF.jsp）のページの説明によると「**文字の両端から各0.0625″**」のスペースが必要とあります。そして、「**背幅が1″の場合、文字幅を0.875″以下**」にするとあります。

　さらに総ページ数が「**130P以内のものに関しては、背に文字を入れるべきではない**」との記載があります。

　作成する本のページ数によって、適宜背表紙に文字を入れるか空白にするかを決定しましょう。

画像解像度 (Resolution)

　画像解像度 (Resolution) は画像の鮮明さを表す数値です。

　表紙や本文で画像を使用していた場合、解像度が低ければ仕上がりは不鮮明になり、解像度が高ければ鮮明になります。ただ、解像度は高ければ高いほどいいというものでもなく、「**books_diyspec_v1_1409753378501.pdf**」のP.47にもあるように、一般的に**300dpi前後**が印刷における適正な解像度とされています。解像度が300dpiを大きく超える画像を使用しても仕上がりに変化はないばかりか、容量が増えてハンドリングが悪くなる恐れもありますのでご注意ください。

　画像の解像度はAdobe Photoshopなどがあれば簡単に調べられますが、お持ちでない方のために**http://www.frentopia.com/write/#resolution**に解像度を調べるページを作成しました。

　デジカメなどで撮った写真は大抵72dpiですので、その写真が作成中のドキュメントに何%の拡大縮小率で使われているかを調べ、その数値を打ち込んで**「計算する」**をクリックしてください。画像の解像度が表示されます。

▶http://www.frentopia.com/write/#resolution

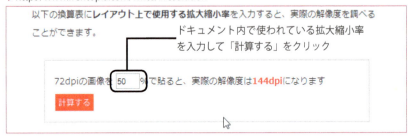

バーコード（Barcode）

　次はバーコードについてです。バーコードに関しての記述は「**books_diyspec_v1_1409753378501.pdf**」のP.61 〜 62にあります。

　CreateSpaceでタイトルを作成する場合、日本の2段バーコード（書籍JANコード）は使用しません。「**books_diyspec_v1_1409753378501.pdf**」のP.62にある見本のような「**UPC/EANコード**」を使います。

▶バーコード見本

　また、「**books_diyspec_v1_1409753378501.pdf**」のP.55に表紙データのテンプレート見本で**バーコードを配置する場所と大きさ**を確認することができます。

▶表紙のテンプレート

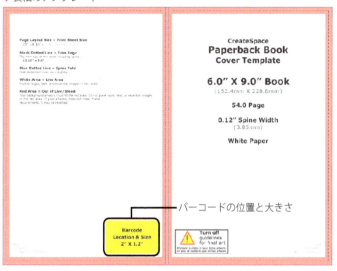

バーコードの位置と大きさ

これを見ると、大きさが**2″×1.2″**、位置が背表紙、地（下）からそれぞれ**約0.256″**となっています。データを作成する際は、裏表紙のこの位置に文字や絵柄が入らないようにご注意ください。

▶バーコードの大きさと位置

基本的にバーコードの配置は、CreateSpaceのサイトに表紙ファイルをアップロードすると同時に、自動的に処理されます。なので作者が用意する必要はありません。

ですが、作者自身がバーコードを作成して、配置した表紙ファイルを完全データとしてアップロードすることも可能です。CreateSpaceで自動作成されるバーコードは価格表記のないバーコードです。これを、価格表記のあるバーコードを自分で作成して配置することもできます。また、縦書きの本を作成した場合、裏表紙（データの右ページ）にバーコードを配置するといった対応も可能になるかもしれません（試していないのでわかりませんが）。

◉バーコードを自作する

筆者もせっかくなので、自分のISBNコードを使用してバーコード自作に挑戦してみました。といっても、ジェネレータサイトを使わせていただいて作成するだけなので、特別難しいことはありません。

バーコード作成には「**creativIndieCovers**」というサイトの**FREE online ISBN barcode generator**（**http://www.creativindiecovers.com/free-online-isbn-barcode-generator/**）を使わせていただきました。

すばらしいサイトをご提供されている方に感謝です。

▶http://www.creativindiecovers.com/free-online-isbn-barcode-generator/

◉ バーコードの作りかた

では、この「**FREE online ISBN barcode generator**」を使用してバーコード
を作成する手順をご紹介していきます。

バーコード作成に必要な情報は、

- ISBNコード
- **価格（任意）**

の2つです。

ここでは暫定的に

- ISBNコード：978-4-123-45678-4
- **価格：12.65 ＄（アメリカドル）**

という書籍があると仮定してみます。ISBNコードは**2章**でご紹介したとおり、
978（書籍記号）-4（国）までは固定で、123（出版社記号）-45678（書名記号）
という架空の数字から4（チェック数字）を出しました。

価格はアメリカドルで約1,500円に相当する12.65 ＄（2015年2月現在）とし
ています。

FREE online ISBN barcode generatorページ（http://www.creativindiecovers.com/free-online-isbn-barcode-generator/）を下にスクロールして下記を表示させます。

▶FREE online ISBN barcode generatorページをスクロール

まず「**Put your ISBN number here:**」にISBNコードを**ハイフンなしで入力**します。そしてオプションとして「**Add a price (optional):**」に価格を入力しますが、「**5　$ US**」

とあるように、UPC/EANコードで値段を表記する際、アメリカドルの場合は頭に「**5**」をつけて「**51265**」と入力します。

※価格の表記はオプションですので、入力しなくても問題ありません。もし何も入力しなかった場合は自動的にデフォルト値の「**90000**」が表記されます。

入力が終わったら「**Give me my barcode**」ボタンをクリックします。

クリックするとバーコードファイルがダウンロードされます。

フォルダを開くとフォルダにはEPSファイルとPDFファイルが入っています。

▶ダウンロードされたファイル

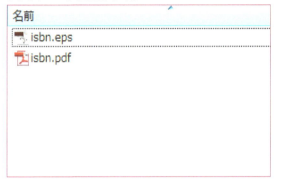

EPSファイルをAdobe Illustratorなどで開きます。

▶「isbn.eps」

一見問題なさそうですが、必ずスマートフォンのバーコードリーダーアプリなどで読み取りの確認をしておきましょう（例：「**QRコードスキャナー**」https://play.google.com/store/apps/details?id=com.google.zxing.client.android）。

無事読み取りが確認できたら表紙ファイルの所定の位置に配置します。テンプレートの2″×1.2″よりも一回り大きいですが、誤差の範囲内なのでOKです。

印刷用PDFの設定

　続いてCreateSpaceへアップロードする印刷用PDFデータ作成の設定をご紹介します。PDFを作成する際の説明は「**Creating a PDF**」ページ（https://www.createspace.com/Help/Index.jsp?orgId=00D300000001Sh9&id=50170000000IO9AAAW）に Adobe Acrobatのバージョンごとに記載されています。

　今回はこの説明に沿ってAdobe Acrobat X上で設定をしていきます。

①印刷用PDFを作成するファイルをAdobe Acrobat Xで開き、「**ファイル**」→「**印刷**」をクリック

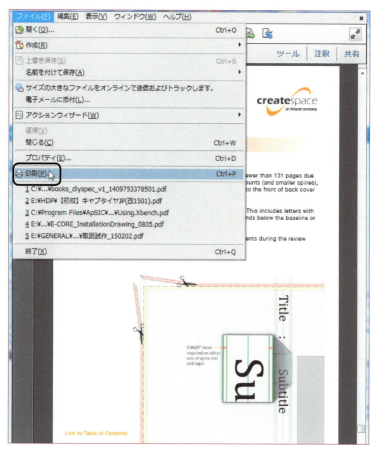

② 「**プリンター**」のプルダウンメニューから「**Adobe PDF**」を選び、右側にある「**プロパティ**」をクリックします。

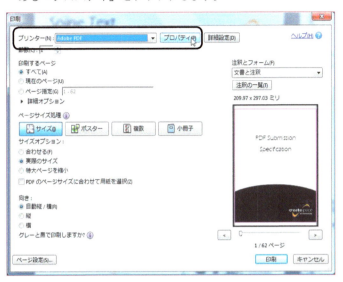

③ 「**Adobe PDF設定**」タブを開き、「**PDF設定**」項目から「**標準**」を選択し、右側にある「**編集**」をクリックします。

④ツリーメニュー「**標準**」を展開して「**一般**」をクリックします。

「ファイルオプション」項目の

・「**互換性のある形式**」から「**Acrobat 5.0 (PDF 1.4)**」

・「**オブジェクトレベルの圧縮**」から「**オフ**」

・「**ページの自動回転**」から「**オフ**」

をそれぞれ選択してください。

⑤ツリーメニューから「**画像**」をクリックします。

「**カラー画像**」項目の

- 「**ダウンサンプル**」から「**ダウンサンプル(バイキュービック法)**」を選択し、
  右側に「**305**」ppiと入力
- 「**次の解像度を超える場合**」に「**320**」ppiと入力
- 「**圧縮**」から「**JPEG**」を選択
- 「**画質**」から「**最高**」を選択

して、「**グレースケール画像**」項目も同様の設定にします。

⑥ツリーメニューから「**フォント**」をクリックします。

・「**サブセットの全フォントに対する割合**」のチェックを外す

・「**埋め込み**」項目の「**フォント一覧**」に表示されているフォントをすべて
選択して、「**常に埋め込むフォント**」に「**追加**」する

※（「**フォント一覧**」をプルダウンすると別のフォント保存場所が表示され
るので、プルダウンからすべての場所を選択して「**追加**」を実行してく
ださい）

⑦ツリーメニューから「**カラー**」をクリックします。

「**カラーマネジメントポリシー**」項目のプルダウンメニューから「**カラー変更なし**」を選択して、「**名前を付けて保存**」をクリックします。

⑧作成した設定を「**CreateSpace.joboptions**」という名前で保存します。

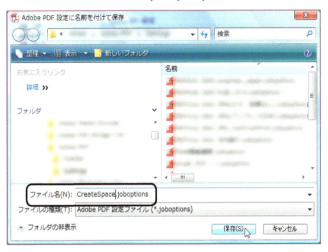

⑨「**Adobe PDF設定**」タブに戻ります。

「**Adobe PDFのページサイズ**」の右側にある「**追加**」をクリックします。

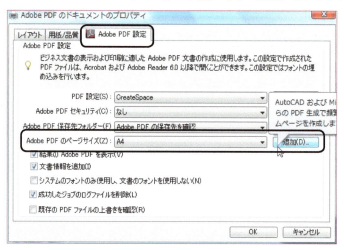

⑩「**カスタム用紙サイズの追加**」画面でサイズを設定します。

今回は

・**用紙名**：5.5"*8.5"

・**用紙サイズ：**

幅5.75（ドキュメントサイズ5.5"+裁ち落とし0.125"+0.125"）

高さ8.75（ドキュメントサイズ8.5"+裁ち落とし0.125"+0.125"）

・**単位**：インチ

と設定しました。

設定できたら「**追加／変更**」をクリックします。

⑪プルダウンメニューから追加した用紙名「**5.5″*8.5″**」を選択します。

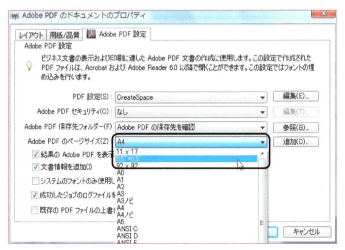

⑫「**システムフォントのみを使用し、文書のフォントを使用しない**」のチェックを外し、「**OK**」をクリックします。

これで印刷用PDFを書き出す設定ができました。Acrobat以外のAdobe社製アプリケーション（Adobe InDesignやAdobe Illustrator）から書き出す際も、PDF書き出し設定の中に生成された「**CreateSpace**」を選択することで、同様のPDFを作成することが可能です。

CreateSpace攻略

奥付や表紙に載せる文言について

　奥付などに「発行者」や「印刷所」、「編集者」などの名前を掲載することがあるかと思います。「**books_diyspec_v1_1409753378501.pdf**」のP.25 〜 26、P.49 〜 50に使用可能な文言、不可な文言の一覧表が出ています。

Can Include：含められるもの（使用化の文言）
Printed by CreateSpace：CreateSpace社で印刷
eStore address (i.e. www.CreateSpace.com/TITLEID)： ストアのアドレス（www.CreateSpace.com ／本のタイトル）
Printed by CreateSpace, An Amazon.com Company：CreateSpace社、Amazon.com社で印刷
CreateSpace, Charleston SC：CreateSpace、チャールストンSC
CreateSpace：CreateSpace

Cannot Include：含められないもの（使用不可の文言）
Published by CreateSpace：CreateSpace発行
Published through CreateSpace：CreateSpaceを通じて発行
Printed by CreateSpace Publishing：CreateSpace出版で印刷
CreateSpace, LLC：CreateSpace有限責任会社
CreateSpace Edition：CreateSpace版
CreateSpace Logo：CreateSpaceのロゴ

　内容的には「**CreateSpaceやAmazonはあくまで印刷所、購入場所なので、編集者や発行者と表記するのは不可**」という意味になるようです。

また、Amazon.comなどで販売をする際に掲載する文言は以下になります。

Can Include：含められるもの（使用化の文言）

Printed by CreateSpace, An Amazon.com Company：CreateSpace社、Amazon.com社で印刷

Available from Amazon.com and other retail outlets：
Amazon.com社その他の小売店から購入できます

Available from Amazon.com and other online stores：
Amazon.com社その他のオンラインストアから購入できます

Available from Amazon.com and other book stores：
Amazon.com社その他の書店から購入できます

Available from Amazon.com, CreateSpace.com, and other retail outlets：
Amazon.com社、CreateSpace社、およびその他の小売店から購入できます

A reference to an Amazon review：Amazonのレビューを参照

Available on Kindle and other devices：Kindle、その他のデバイスで利用できます

Available on Kindle and other retail outlets：Kindle、その他の小売店で利用できます

Available on Kindle and other book stores：Kindle、その他の書店で利用できます

Available on Kindle and online stores：Kindle、その他のオンラインストアで利用できます

※日本語訳は筆者がニュアンスで意訳していますので、多少不自然な部分も
あるかと思います。ご了承ください。

ダッシュボードで新しくタイトルを作成

Add New Title

ガイドラインに沿ったデータが作成できたら、いよいよCreateSpaceサイトで新しいタイトルを登録します。作業はタイトル作成から販売開始まで、すべてアカウントのダッシュボード内で行います。チェックなどに1日程度の時間を要する工程もありますので、発売日を含めた予定は余裕を持って立てることをおすすめします。

CreateSpaceでタイトル作成

　本文用、表紙用のPDFの作成が済んだら、次はいよいよCreateSpaceのサイトでタイトルを登録しましょう。作業手順を一つ一つ紹介していきます。

●ダッシュボードから新しくタイトルを登録する

①まずは登録したメールアドレスとパスワードでログインし、**ダッシュボード**（https://www.createspace.com/pub/member.dashboard.do）へアクセスします。

　「**My Projects**」の「**Add New Title**」をクリックしてタイトル入力ページに進みましょう。

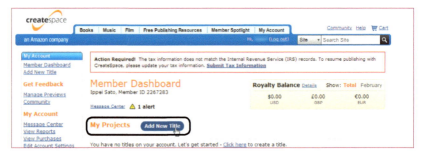

② 「**Start Your New Project**」ページに移動します。

▶「Start Your New Project」

・ **Tell us the name of your project**（プロジェクト名）

・ **Choose which type of you want to start**

（プロジェクトのタイプ：本のほかにCDやDVD、動画も選択できます）

・ **Choose a setup process**（プロジェクトの進め方を選択：**Guided**→説明
に沿って進めるタイプ／ **Expert**→説明が必要ない人向けのエキスパート
タイプを選択できます）

各項目の入力が終わったら「**Get Started**」をクリックして次に進みます。

今回「**Choose a setup process**」は「**Guided**」を選択しました。

③「**Title Information**」ページに進みます。タイトルや作者名を入力しましょう。

▶「Title Information」

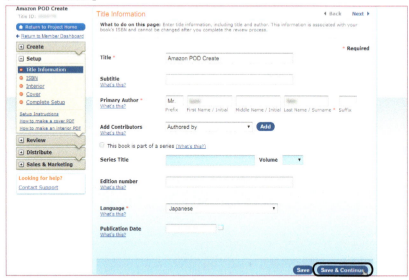

- **Title**：本のタイトル（プロジェクト名をそのまま使用しました）
- **Subtitle**：サブタイトル（特になければ空欄）
- **Primary Author**：著者名

  Prefix→Mr.やMs.など

  First Name/Initial→ファーストネーム／イニシャル（名）

  Middle Name/Initial→ミドルネーム／イニシャル（なければ空欄）

  Last Name/Initial→ラストネーム／苗字（性）

  Suffix →称号Jr.やII、III（二世、三世）など
- **Add Contributors**：出版協力者（編集者やライターなどがいれば「Add」
  をクリックして入力し、その種類をプルダウンから選択）
- **Series Title**：シリーズものである場合は「**This book is part of a series**」
  にチェックし、シリーズタイトルとその巻数をプルダウンから選択
- **Edition number**：版数を入力（増刷、改版時の版数など）
- **Language**：言語をプルダウンメニューから選択
- **Publication Date**：刊行日が決定していれば入力

　必要事項の入力が終わったら「**Save & Continue**」をクリックして次に進みます。なお、後から何度でも入力し直せるので、必須項目以外は空欄のままにしておいても問題ありません。

④「**ISBN**」ページに移動します。

▶「ISBN」

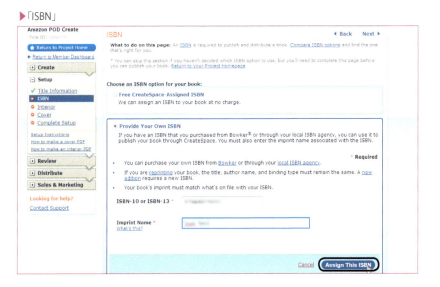

　「**Choose an ISBN option for your book:**」項目で、作成する本に付与するISBNを「**Free CreateSpace-Assigned ISBN**」（CreateSpaceが無料提供するISBN）と「**Provide Your Own ISBN**」（作者が持つ固有のISBN）のどちらかから選択します。

　今回は**2章**で取得したISBNを使用するので「**Provide Your Own ISBN**」を選択しています。

・ **ISBN-10 or ISBN-13**：**2章**で取得したISBNをチェック数字を含む13桁で入力
・ **Imprint Name**：奥付に表示する名前（作者名でOK）を入力

　入力が完了したら「**Assign This ISBN**」（このISBNを割りあて）をクリックします。

　入力したISBNの確認画面が表示されますので、内容を確認して問題なければ「**Continue**」をクリックします。

⑤「**Interior**」（中身、本文の意）ページに移動します。

▶「Interior」

- **Interior Type:**本文ページのカラーを**Black & White**（モノクロ）or **Full Color**（カラー）から選択
- **Paper Color:**紙の色を**White**（白）or **Cream**（クリーム）から選択
  ※本文ページのカラーでFull Colorを選択した場合、Creamは選べません。
- **Trim Size:**仕上がりサイズを選択します。
  デフォルトでは6″×9″になっていますので、作成する本の仕上がりサイズ（今回は5.5″×8.5″）に変更しましょう。「**Choose a Different Size**」をクリックしてください。

「**Trim Sizes for Color Books**」ウィンドウが表示されるので、該当するサイズを選択します。目的のサイズが見当たらない場合は「**More Sizes**」をクリックして別のサイズを表示します。

▶「Trim Sizes for Color Books」

該当のサイズをクリックすると「**Interior**」ページに戻ります。

「Interior」ページに戻ったら、ページをスクロールして「**Choose how you'd like to submit your interior:**」項目を表示します。

アップロードする本文ファイルを選択します。「**Interior File**」項目の「**Browse**」をクリックしましょう。

▶「Interior」

アップロードするファイルを選択して「**開く**」をクリックします。

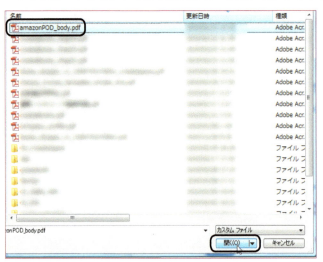

- 「Interior File」項目に選択した本文ファイル名が表示されていることを確認
- 「Bleed」項目で「Ends after the edge of the page」を選択
- 「Interior Reviewer」の「Run automated print checks and view formatting issues online.」にチェック

以上を確認して「Save」をクリックします。

アップロードが始まります。完了するまでしばらく待ちます。

アップロードが完了すると、続いて「**Automated Print Check**」（アップロードしたファイルのチェック）が始まります。完了するまで待ちましょう。

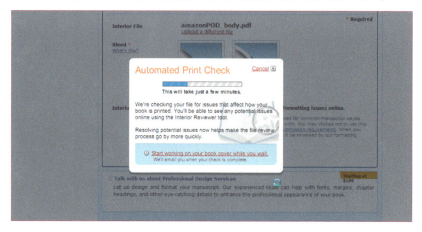

⑥アップロードしたファイルの問題を確認する。

　ファイルのアップロード、チェックが終わると再び「**Interior**」ページに戻ります。アップロード済みのファイル名が表示されています。

▶「Interior」

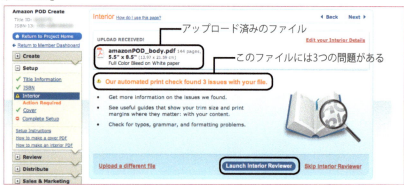

　「**Our automated print check found 3 issues with your file.**」（自動チェックの結果、アップロードされたファイルには3つの問題があります）と表示されています。問題の内容を確認してみましょう。「**Launch Interior Reviewer**」をクリックします。

「Interior Reviewer」ウィンドウが表示されますので「Get Started」をクリックして続行します。

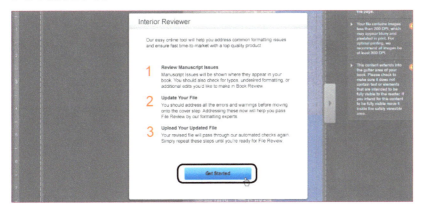

「Interior Reviewer」が表示されます。右側の「Manuscript issues」（原稿の問題）項目に、検出された問題の内容が一覧表示されます。

▶「Interior Reviewer」

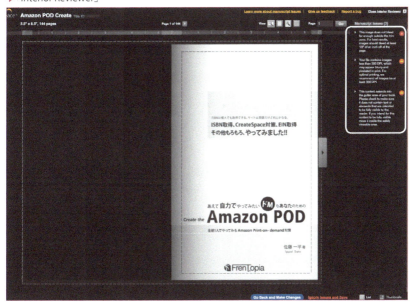

ではこの「問題」を1つずつ確認していきましょう。

■「Manuscript issues」を検証

　右側の**「Manuscript issues」**（原稿の問題）項目をクリックすると、その問題が検出されたページが**一覧表示**されます。

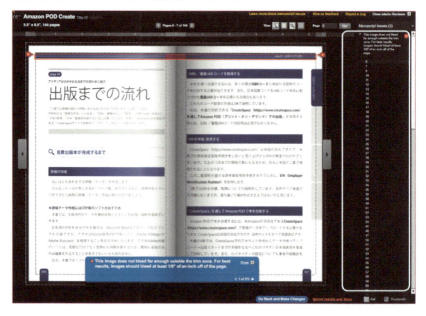

　では問題が検出されたページを確認してみましょう。

「This image dose not bleed far enough outside the trim zone. For best results, images should bleed at least 1/8" of an inch off of the page.」

　とあり、ページ上部にある帯の部分に対して問題を指摘されています。

　警告文としては、「この画像はBleed（塗り足し）のサイズが足りていません。Bleed（塗り足し）は最低限Trim（仕上がり）から1/8"（0.125インチ）必要です」という意味になります。

　ですが、この帯は仕上がりサイズいっぱいにあるわけではありません。恐らく、推奨されるInside Margin（内側の余白）ギリギリのサイズなので、塗り足しが必要な画像だと判断されてしまったのではないかと思います。

　この帯は塗り足しが必要な画像でもなく、なおかつInside Margin（内側の余白）から多少ズレても大きな問題にはならないと判断し、特に修正せずにそのままいくことにします。

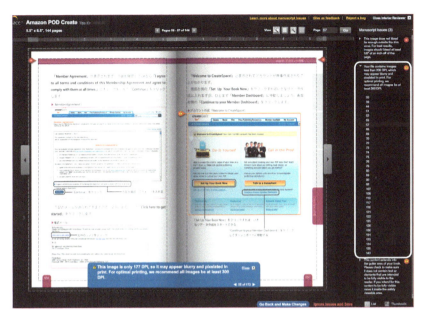

続いて2つ目の問題（issues）を見てみましょう。

配置された画像に対して、下記の警告がなされています。

「This image is only 177 DPI, so it may appear blurry and pixelated in print. For optimal printing, we recommend all images be at least 300 DPI.」

これは「この画像は解像度が177DPIしかないので鮮明に印刷されません。印刷に最適な解像度は300DPIを推奨しています」といった意味の警告文になります。また、解像度が不足している画像が他にもあることがわかります。

確かにその通りなのですが、配置している画像はPC画面をキャプチャしたものが中心なので、どうしようもないところです。

例えばPhotoshopなどで無理矢理解像度を上げて、数値上で帳尻を合わせることも可能ですが、それ自体にあまり意味はありません。

できれば鮮明な画像を使用するのがベストですが、今回はこの問題もそのまま修正せずにいくことにします。

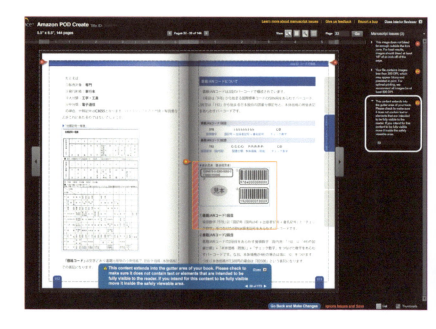

続いて3つ目の問題（issues）です。

表示されている警告文は下記です。

「This content extends into the gutter area of your book. Please check to make sure it does not contain text of elements that are intended to be fully visible to the reader. If you intend for this content to be fully visible move it inside the safely viewable area.」

この問題は全ページを通して1箇所だけ指摘されています。

ちょっと長い警告文ですが、要するに「このオブジェクトが印刷領域からはみ出していますけど大丈夫ですか? 印刷領域からはみ出したらまずいものが含まれている場合は修正をお願いします」という意味になります。

この警告文はさすがに無視するとまずそうですので、確認してみたいと思います。

このままの表示だと見づらいので表示倍率をアップします。ページ上部にある■をクリックしてページを拡大してください。

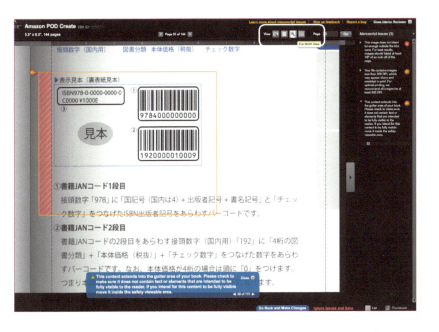

問題を指摘された箇所が拡大表示されました。

　ですが、見てみると特に印刷領域からはみ出しているわけでも、重なっているわけでもありません。近すぎるという意味かとも思いましたが、こういった位置にある画像はここだけではないのでそれも違うようです。

　微妙に位置を内側にずらして再度試してみましたが、結果は変わりませんでした。

　結論としては、印刷領域に重なっているわけでもなく、例え多少ズレたとしてもそこまで大きな問題にはならないと判断し、修正せずにこのままいくことにしました。

■Ignore Issues and Save（問題を無視して保存）

　「Manuscript issues」の検証が終わり、指摘された問題を修正せずにいくことにしましたので、このまま「Interior Reviewer」を保存します。

　ページ下部にある「**Ignore Issues and Save**」（問題を無視して保存）をクリックして「Interior Reviewer」を保存します。

※「**Ignore Issues and Save**」をクリックせずに戻ってしまうと、「ファイルチェック」でエラーになり進めなくなってしまうので、必ず「**Ignore Issues and Save**」をクリックして保存してください。

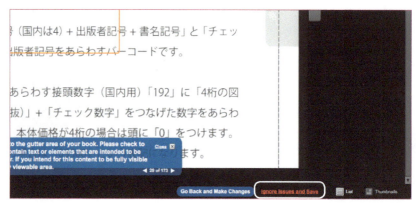

　「**Interior**」ページに戻ります。

　「Launch Interior Reviewer」の横にある「**Ignore Issues and Continue**」をクリックして次に進みます。

▶「Interior」

⑦Cover（表紙）をアップロードする。

Interior（本文）の次はCover（表紙）のアップロードです。

1つずつ手順を見ていきましょう。今回は下記の2種類のCover（表紙）用データを作成しました。違いは**自作のバーコードの有無**だけです。両方のパターンを試してみたいと思います。

▶「H1_01.pdf」（バーコードなし）

▶「H1_02.pdf」（バーコードあり）

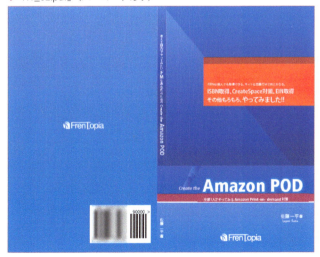

「Ignore Issues and Continue」をクリックすると「**Cover**」ページに進みます。

まずは「**1. Select a finish for your book cover:**」でCover（表紙）に使用する紙を「**Matte**」（マット紙）と「**Clossy**」（光沢紙）から選択しましょう。今回は「**Clossy**」（光沢紙）を選択しています。

▶「Cover」

続いて「**2. Choose how to submit the cover of your book:**」で作成方法を選択します。今回は自分でデータを作成しましたので「**Upload a Print-Ready PDF Cover**」にチェックを入れ、「**Browse**」から表紙ファイルを選択します。

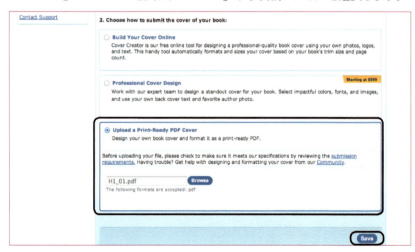

表紙ファイル「**H1_01.pdf**」をアップしました。「**Save**」をクリックしましょう。

なお、その他の2つを選択した場合については以下の通りです。

・「**Build Your Cover Online**」

CreateSpaceのオンラインツール「Cover Creator」を使用して、用意されたテンプレートをもとに表紙を作成する方法です。

・「**Professional Cover Design**」

その名の通り、プロのデザイナーにデザインを依頼する方法です。お値段は399ドル〜となっています。

「**Save**」をクリックして、ファイルのアップロードが完了すると下記が表示されます。

選択した紙の種類とアップロード済みのファイル名

確認して問題なければ「**Continue**」をクリックして次に進みましょう。

⑧CoverのSetupを完了する。

「**Complete Setup**」ページに進みます。

タイトル、入力したISBN、本のサイズと色、本文ページ数、アップロードした本文ファイル、表紙ファイル名と表紙に使用する紙の種類が一覧表示されます。

それぞれの項目を確認し、このまま進む場合はページ下部にある「**Submit Files for Review**」をクリックします。

もし修正が必要な項目がある場合は、右側にある「**Edit**」をクリックして各項目を修正してください。

▶「Complete Setup」

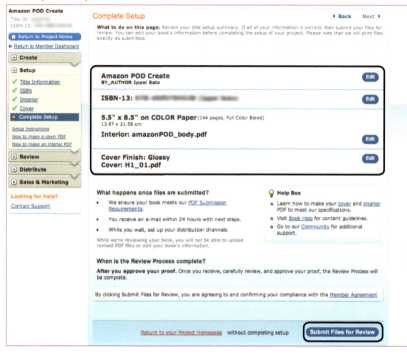

　「**Complete Setup**」でCoverのSetupを完了すると「**Channels**」ページに進みますが、その前に下記が表示されます。

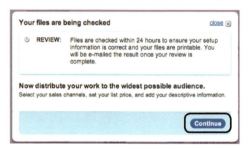

　「アップロードしたファイルが印刷可能かを24時間以内にチェックします。**チェック完了後にメールでお知らせします**」という意味の文面です。ファイルのチェックに24時間かかるとのことなので、気長に待ちましょう。

　文面を確認後に「**Continue**」をクリックします。

⑨「**Channels**」ページで販売経路を選択する。

「**Channels**」ページ販売経路を選択します。Standard Distribution（標準）で**Amazon.com**と**Amazon Europe**、**CreateSpace eStore**が選択されています。Amazon.comは米国Amazon、Amazon Europeはヨーロッパ各国のAmazon（http://www.amazon.deやhttp://www.amazon.frなど）です。そしてCreateSpace eStoreはCreateSpaceサイト内のオンラインストアです。

▶「Channels」

Expanded Distributionからは**CreateSpace Direct**を選択しました。これはいわゆる取次のようなものと考えればいいかもしれません。

選択が完了したら「**Save & Continue**」をクリックして進みます。

⑩Pricing（価格）を決める。

「**Pricing**」ページが表示されますので、本の価格を決めましょう。

▶「Pricing」

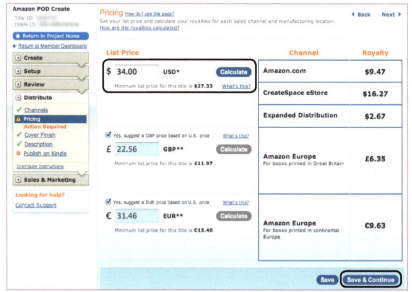

「$USD*」（米ドル）項目に価格を入力して「**Calculate**」をクリックすると、自動的にGBP（英ポンド）とEUR（ユーロ）価格が入力されます。また、右側の表で各サイトでのロイヤリティ（印税）が確認できます。

※「$USD*」（米ドル）項目の下に「**Minimum list price for this title is $27.33**」と小さく表示されています。この文面は「この本の最低価格は$27.33です」という注釈で、本の価格をこれ以下に設定することはできないという意味になります。恐らくこれは、CreateSpace側の最低印刷コストを指しているものと思われます（やはりフルカラーだと価格が上がってしまいました）。つまり「赤字になってもいいから安くしたい」と思っても、著者の都合で低価格に設定することができないということです。

適正な価格が設定できたら「**Save & Continue**」をクリックして進みましょう。

▶「Cover」

「**Pricing**」ページで価格設定を完了すると、いったん「**Cover**」ページが表示されます。特に問題なければ「**Save & Continue**」をクリックして進みます。

⑪Description（本の説明）を入力する。

「**Description**」ページが表示されますので、各項目を入力していきましょう。

▶「Description」

❶Description:

本の具体的な説明を入力します。最大アルファベット4,000文字までで HTMLタグも使用可能です。

❷BISAC Category:

本のカテゴリー（ジャンル）を指定します。大カテゴリー→中カテゴリー →小カテゴリーの順に選択していきます。

❸Author Biography:

著者の略歴紹介を入力します。特になければ未設定でも構いません。

❹Book Language:

プルダウンメニューから言語を選択します。本書は日本語で書かれた本なので「**Japanese**」を選択しました。

❺Country of Publicatioin:

プルダウンメニューから出版物の国を選択します。今回は日本ですので「**Japan**」を選択しました。

❻Search Keywords:

検索キーワードを設定します。最大5つまでのキーワードを**カンマ**「**,**」で区切ってアルファベットで入力します。

❼Contains Adult Content:

内容にアダルトコンテンツが含まれている場合はチェックを入れます。

❽Large Print:

この本が、視力障害者や高齢者のために大きなポイント数で作られたものである場合はチェックを入れます。

必要事項を入力して、確認後に「**Save & Continue**」をクリックして進みます。

⑫Setupを終了する。

　「**Publish on Kindle**」ページが表示されます。Kindleへ展開する場合、この
ページで設定します。今回はKindleへ展開する予定はないのでこのまま左上の
「**Return to Project Home**」をクリックして戻ります。

▶「Publish on Kindle」

　「**Project Home**」の「**Review**」を見ると、**File Review**に🕐マークがついて
います。また**Proof Your Book**には⊖がついています。これはどういう状況で
しょうか。クリックして確認してみましょう。

▶「Project Home」

「File Review」ページを見ると、「Your files are now being checked.」（ファイルを確認中です）とあります。また、「REVIEW:」項目に⑧で表示された文面と同じものが表示されています。

つまり、現在アップロードしたファイルをチェックしている最中ということです。チェック完了までは24時間以内とありますので、今できることは特にありません。ブラウザを閉じて気長に待ちましょう。

▶「File Review」

◉チェック結果を確認する

①チェック完了メールを確認する。

　アップロードしたファイルのチェックが終わると、登録したメールアドレスに完了メールが送られてきます。24時間以内とのことでしたが、だいたい17〜18時間前後で下記のメールが送られてきました。多少の誤差はあるかと思いますが、20時間前後を目安にするといいかもしれません。

Congratulations!

Your interior and cover files for Amazon POD Create, ⬛⬛⬛⬛⬛ meet our technical requirements for printing.

The next step in the publishing process is to proof your book:

FOLLOW THIS LINK TO GET STARTED:

∗∗

https://tsw.createspace.com/title⬛⬛⬛⬛⬛review

∗∗

Our reviewers did find some non-blocking issues with your files. Some of these issues may have been fixed causing alterations to your files.

The interior contains images that are less than 200 DPI which may appear blurry or pixelated when printed. For more information on image resolution, please visit:
https://www.createspace.com/Help/Index.jsp?
orgId=00D300000001Sh9&id=50170000000Irmr

Best regards,

The CreateSpace Team

Download the CreateSpace PDF Submission Specification:

https://www.createspace.com/ServicesWorkflow/ResourceDownload.do?id=1583

Please direct questions to our Member Support team at:

https://www.createspace.com/Member/Support.do

Visit our informative member-driven Community for additional questions at:

https://www.createspace.com/en/community/index.jspa

　「Congratulations! チェックの結果、アップロードされたファイルは印刷要件を満たしています」とあります。どうやらチェックに合格したようです。中盤あたりに「低解像度の画像が含まれている」旨の警告文がありますが、解像度に関してはどうしようもないので、このまま進むことにします。

「Member Dashboard」に表示される**alert**でも完了メールと同じ内容のものを確認できます。

⚠️ **Files for Amazon POD Create, ▨▨▨▨▨▨ require your attention**
Sent on ▨▨ ▨▨▨

Congratulations!

Your interior and cover files for Amazon POD Create, ▨▨▨▨▨ meet our technical requirements for printing.

The next step in the publishing process is to proof your book:

FOLLOW THIS LINK TO GET STARTED:

****

https://tsw.createspace.com/title.▨▨▨▨▨/review

****

Our reviewers did find some non-blocking issues with your files. Some of these issues may have been fixed causing alterations to your files.

The interior contains images that are less than 200 DPI which may appear blurry or pixelated when printed. For more information on image resolution, please visit:
https://www.createspace.com/Help/Index.jsp?orgId=00D300000001Sh9&id=50170000000Irmr

Best regards,

The CreateSpace Team

Download the CreateSpace PDF Submission Specification:

https://www.createspace.com/ServicesWorkflow/ResourceDownload.do?id=1583

Please direct questions to our Member Support team at:

https://www.createspace.com/Member/Support.do

Visit our informative member-driven Community for additional questions at:

https://www.createspace.com/en/community/index.jspa

ではチェック結果を確認してみます。

「Project Home」から「Proof Your Book」に進みましょう。

②完成イメージを確認する

「**Proof Your Book**」ページに進みます。

左側の「**Review**」項目を見ると、**File Review**についていた🕐マークが完了を示す✔に変わっていることがわかります。

そして、画面上部中央に「**Congratulations! Your files are printable.**」（おめでとうございます! あなたのファイルは印刷可能です）と表示されています。なお、すぐ下に画像解像度に関する警告文が出ていますが、気にせず進むことにします。

▶「Proof Your Book」

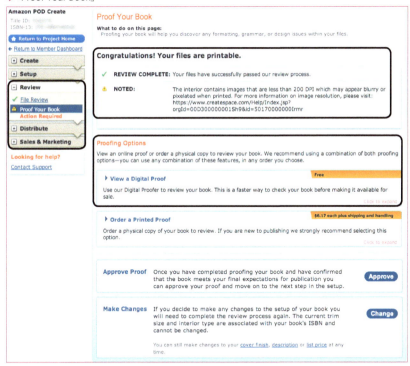

では完成イメージを確認していきましょう。

「**Proofing Options**」項目の「**View a Digital Proof**」（デジタル校正を確認）をクリックします。

CreateSpace攻略

「View a Digital Proof」（デジタル校正を確認）をクリックすると下記の画面が展開されます。

確認方法は以下の2通りです。

- Launch Digital Proofer（「デジタルプルーファー」で確認する）
- Dowuload a PDF Proof（校正PDFをダウンロードして確認する）

今回は「デジタルプルーファー」で確認することにします。「**Launch Digital Proofer**」をクリックしてください。

▶「View a Digital Proof」

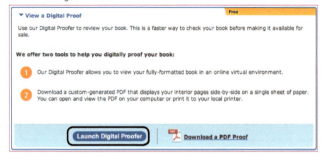

　Digital Proofer（デジタルプルーファー）が起動して最初のページ（表紙）が表示されます。バーコードが追加されていることがわかります。

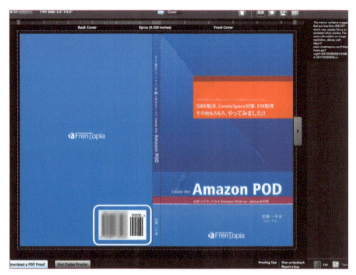

バーコード部分を拡大表示してみます。

指定したISBNも問題なく表示されています。

バーコードなしの状態でデータをアップロードすると、自動的に指定した
ISBNに沿ったバーコードを生成してくれることがわかりました。

続いて本文ページも見てみましょう。

最初のページから見開きで表示されます。

問題がないかを確認しましょう。

一通り最後まで確認して、問題なければ左下にある「**Exit Digital Proofer**」をクリックしてデジタルプルーファーを終了します。

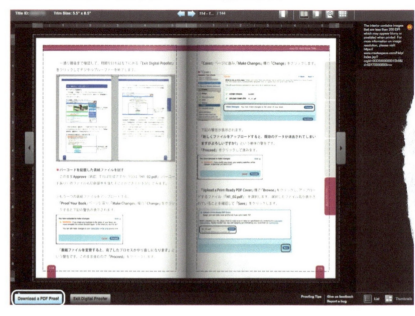

◉バーコードを配置した表紙ファイルを試す

このまま**Approve**（承認）すれば完成ですが、今回はもう一つの表紙ファイル「**H1_02.pdf**」（バーコードあり）も試してみます。

①もう一つの表紙ファイルをアップロードする。

「**Proof Your Book**」ページに戻り、「**Make Changes**」項目の「**Change**」をクリックすると下記の警告が表示されます。

「ファイルを変更すると、完了したプロセスがやり直しになります」という警告です。このまま進みますので「**Proceed**」をクリックします。

「Cover」ページに進み、「Make Changes」項目の「Change」をクリックします。

▶「Cover」

下記の警告が表示されます。

「新しくファイルをアップロードすると、既存のデータが消去されてしまいますがよろしいですか?」という意味の警告です。

「Proceed」をクリックして進みます。

You have selected to make changes: close ⊠
⚠ WARNING: If you modify your cover, your existing selection will be
   deleted. Is this what you want to do?

                                                        Cancel   Proceed

「Upload a Print-Ready PDF Cover」項目で「Browse」をクリックし、アップロードするファイル（「H1_02.pdf」）を選択します。選択したファイル名が表示されていることを確認して「Save」をクリックします。

◉ Upload a Print-Ready PDF Cover
   Design your own book cover and format it as a print-ready PDF.

Before uploading your file, please check to make sure it meets our specifications by reviewing the submission
requirements. Having trouble? Get help with designing and formatting your cover from our Community.

H1_02.pdf   Browse
The following formats are accepted: pdf

                                                                    Save

「**UPLOAD COMPLETE:**」にアップロードしたファイル名が表示されていることを確認して「**Continue**」をクリックします。

「**Complete Setup**」ページに進みます。

画面中央にアップロードした表紙ファイル名が表示されていることを確認後、「**Submit Files for Review**」をクリックして**File Review**を開始します。

▶「Complete Setup」

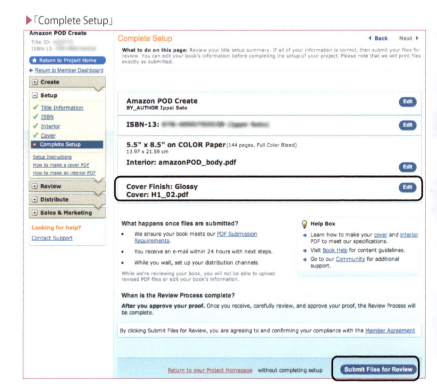

「**Project Homepage**」を確認します。

▶「Project Homepage」

「**Review**」項目の**File Review**に🕐マークがついています。ファイルのチェック中であることがわかります。お知らせメールがくるまで待機しましょう。

②チェックの結果を確認する。

　アップロードしたファイルのチェックが終わると、再び完了メールとともに「**Member Dashboard**」の**alert**に同様の内容が表示されます。

> ⚠ **Files for Amazon POD Create, #5333775 require your attention**
> **Sent or**
>
> Congratulations!
>
> Your interior and cover files for Amazon POD Create, ____ meet our technical requirements for printing.
>
> The next step in the publishing process is to proof your book:
>
> FOLLOW THIS LINK TO GET STARTED:
> **
> https://tsw.createspace.com/title/____ review
> **
> Our reviewers did find some non-blocking issues with your files. Some of

前回と同じく、解像度についての警告がありますが、そのまま進みましょう。

CreateSpace攻略

「**Proof Your Book**」ページの「**View a Digital Proof**」項目からDigital Proofer（デジタルプルーファー）を起動してチェック結果を確認します。

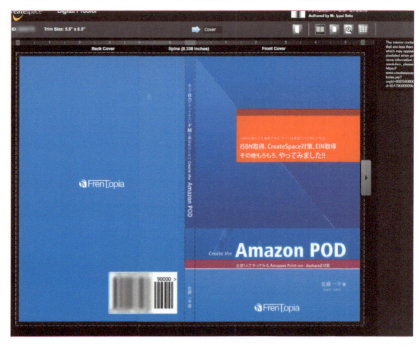

表示を拡大してバーコード部分を確認します。

データ通りに再現されていることがわかります。バーコードは**自動で配置しても自分で作成してもOK**ということが確認できました。

「**Exit Digital Proofer**」をクリックしてデジタルプルーファーを終了します。

③試し刷り製本を注文する。

　著者（アカウント登録者）に限り、「**Proof Your Book**」ページの「**Order a Printed Proof**」項目から作成中／販売中の本を割引価格で購入できます。試し刷りではありますが、実際の製本と同一のクオリティですので、発売前の最終確認などに重宝します。

　「**Order a Printed Proof**」項目にある「**Procced to Cart**」をクリックします。

▶「Order a Printed Proof」

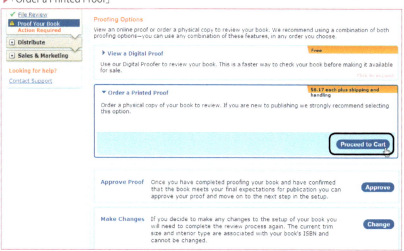

　「**Shopping Cart**」で**Owner Orders**を確認して「**Check Out**」をクリックします。

「Shipping」で送り先を入力します。アルファベット入力になりますが、**P.43**でもご紹介した**住所かんたん翻訳**（https://www.takewari.com/address_translation.html）を使用すれば特に問題なく入力できるのではないでしょうか。

入力が完了したら「**Save & Continue**」をクリックして進みます。

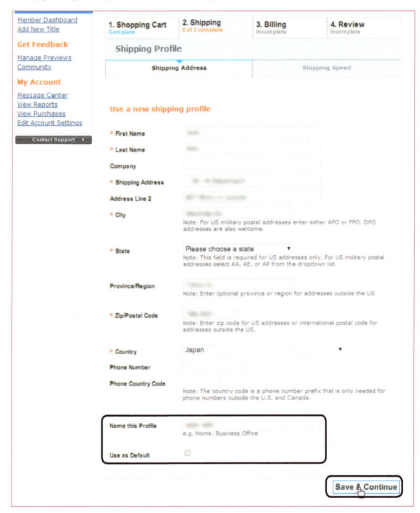

なお、この入力内容をデフォルトプロフィールとして保存しておく場合は「**Name this Profile**」にプロフィール名を入力し、「**Use as Default**」にチェックを入れます。

続いて「**Shipping Speed**」で配送のスピードを選択します。

・「**Standard Shipping**」が到着まで5 〜 6週間程度

・「**Expedited Shipping**」が到着まで2週間程度

・「**Priority Shipping**」が到着まで1週間程度

となっており、それぞれ金額にも差があります。海外からの発送なので、ある程度の時間と金額はかかってしまうようです。今回は最安の「**Standard Shipping**」を選択しました。

内容を確認したら「**Save & Continue**」をクリックして進みましょう。

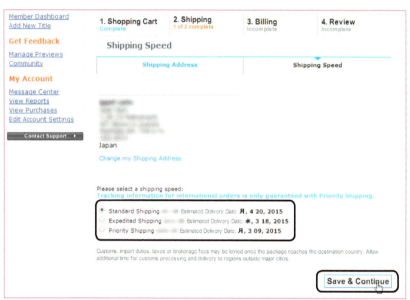

「**Credit Card Order**」で支払用のクレジットカード情報を登録します。

初めての場合は「**Add New Address**」をクリックして情報入力画面を表示します。

カード情報入力画面でカード情報を入力します。入力が終わったら「**Finish**」をクリックします。

「Billing」でクレジットカードのセキュリティコードを入力し、「Save & Continue」をクリックして進みます。

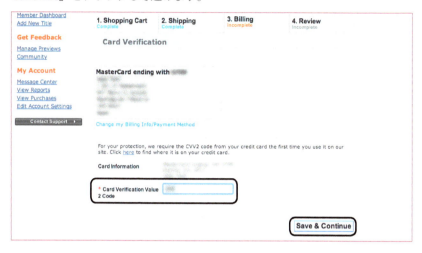

「Review」で注文内容を確認します。問題なければ「Confirm Order」をクリックして注文を完了します。

④試し刷りを確認する。

　P.121の「Shipping Speed」で選択した配送スピードに従って見本が送付されてきます。筆者の場合は下記のような梱包で送られてきました。

　中身を確認します。

　最終ページに試し刷りであることを示す「Proof」という文字が大きく印字されています。最終チェックですので内容をよく確認しておきましょう。

販売を開始する

本の作成が完了し、校正も終わればいよいよ販売開始です。

といっても特別難しい作業があるわけではありません。ただ単に「**Proof Your Book**」ページで「**Approve**」をクリックするだけです。

◉「Approve」で販売スタート

「**Proof Your Book**」ページに移動し、「**Approve**」をクリックすると下記が表示されます。

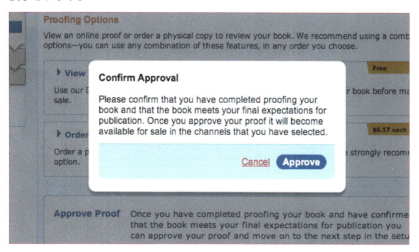

「この本の最終確認が完了し、販売を開始してよければこのまま『Approve』してください」という意味の文面です。

このまま進む場合はさらに「**Approve**」をクリックしましょう。

「Approve」をクリックすると下記の「Congratulations!」ウィンドウが表示されます。無事に本の販売準備が完了したという意味の表示です。

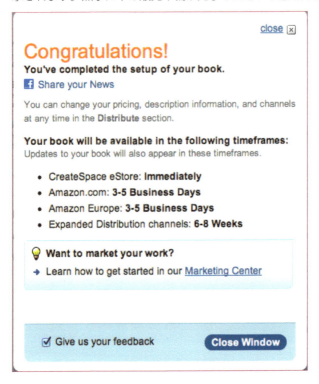

各ストアでどのくらいの期間で販売が開始されるかの目安が表示されていますので確認しておきましょう。

- **CreateSpace eStore**：ただちに
- **Amazon.com**：3〜5営業日
- **Amazon Europe**：3〜5営業日
- **それ以外**：6〜8週間

となっています。CreateSpace内のeStoreではただちに販売が開始されますが、Amazon.comやAmazon Europeでの販売開始は3〜5営業日後となっています。各Amazonでの販売開始は数日待ちましょう。

「**Proof Your Book**」ページの「**Review Proof**」でも各サイトでの販売状況を確認することができます。

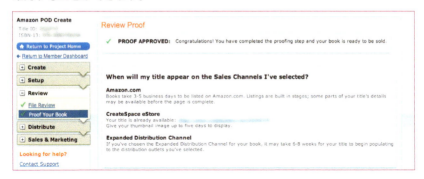

●各サイトで販売状況を確認

では、「**Approve**」した直後の販売状況を各サイトで確認してみましょう。

■CreateSpaceサイト内での販売

CreateSpaceサイト内での販売は即日スタートします。販売ページのアドレスは「https://www.createspace.com/0000000（プロジェクトID)」となっていますので、アクセスして確認してみましょう。

▶CreateSpaceサイト内

■Amazon.comでの販売

　Amazon.com（米国Amazon）では、まだ販売がスタートしていません。3
〜5日かかるとのことですのでしばらく待ちましょう。

▶Amazon.com

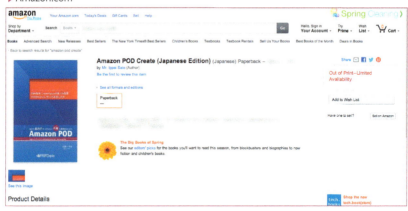

■Amazon.co.uk（英国Amazon）での販売

　Amazon.co.uk（英国Amazon）での販売開始も3〜5日かかります。その他
のヨーロッパ各国のAmazonも同様です。

▶Amazon.co.uk

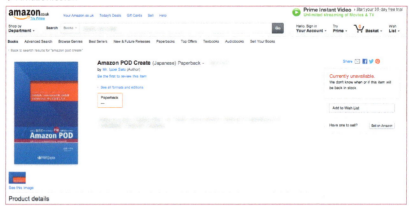

　また、Amazon.co.jp（日本のAmazon）での販売が開始されるまではさらに
時間がかかります（2ヶ月程度）ので、気長に待ちましょう。

販売をストップする

　販売を開始した後でも修正したい箇所や変更点が見つかるなど、一時的に販売をストップしたい状況が出てくるかもしれません。

　ここでは商品の販売を一時的にストップする手順をご紹介します。

●「Channels」ページで販売サイトの「Selected」を解除する

　まずは「Channels」ページで販売サイトの「Selected」を解除します。これにより各サイトでの販売が自動的にストップします。

▶「Channels」

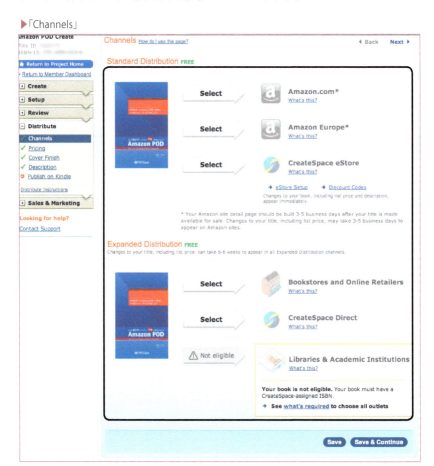

◉変更を加える

　どんな内容でも構わないので、とにかく**Status**を「**Incomplete**」（未完成）状態にします。

　「**Setup**」ページの「**Complete Setup**」を表示して、「**Make Changes**」項目の「**Change**」をクリックします。

　「**Change**」をクリックすると、下記の警告が表示されます。

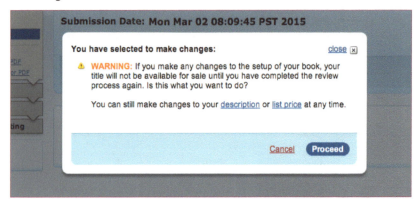

　「**変更を加えると、もう一度ファイルチェックのプロセスをやり直すことになりますが、続けてよろしいですか?**」という内容の文面です。「**Proceed**」をクリックして進みましょう。

▶「Member Dashboard」

　「**Member Dashboard**」ページで該当Titleの**Status**が「**Incomplete**」（未完成）表示に変わっていることがわかります。これで販売を一時的にストップすることができました。

一度販売を開始するとTitleを削除できなくなります

一度「**Proof Your Book**」ページで「**Approve**」を押して販売を開始すると、販売をストップすることはできますが、Title自体の削除ができなくなるようです。

つまり、「試しに販売をスタートしてみて1時間後に中止する」といったようなテストが非常にしにくくなっています。

販売をストップしておけば削除できなくても大きな問題はありませんが、もし自分で取得したISBNを使用していた場合、販売テストのために1つ無駄にしてしまうことになりますので注意が必要です。

↓下記が削除可能なTitle（　マークが表示されている）

↓下記が削除不可なTitle（**Status**は「**Incomplete**」だが、　マークが表示されていない）

131

日米での二重課税を回避する手続き

ロイヤリティ

ここでは日米での二重課税を回避する手続きについてご説明します。3章で取得したEIN（Employer Identification Number）を使用して、内国歳入庁（IRS）に申請することで米国での源泉税30%を回避することができます。なお、筆者の経験をもとにお伝えしますので、100%正確な情報ではない可能性があります。ご了承ください。

米国と日本の二重課税を回避する

30%の源泉税徴収を回避する

　日本在住者が米Amazonの子会社であるCreateSpaceを通して本を出版した場合、そのまま何も対策を講じないでおくとロイヤリティの支払いから源泉税として30%引かれることになります。さらに日本でも課税の対象になりますので、そのままだと**米国と日本の両国で税金を徴収**されてしまいます。

　これを回避するために、**3章**で取得した**EIN**（Employer Identification Number）米国納税者番号を「**W-8BEN**」文書に記入して、内国歳入庁（IRS）に申請します。

受取人情報を設定する

　では実際にロイヤリティの支払いを設定する手順を見ていきましょう。

　設定するのは「**Acount Settings**」ページの「**Royalty Payment Profile**」項目になります。

◉「Royalty Payment Profile」（支払いのプロフィール）を作成する

　「Tax infomation」が未設定ですと、「Member Dashboard」に下記のような
警告が表示されます。

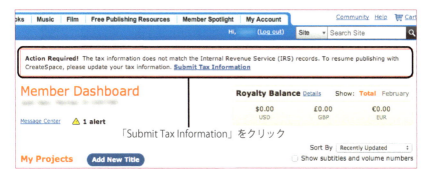

「Submit Tax Information」をクリック

「Submit Tax Information」をクリックしましょう。

「Account Settings」ページで「Royalty Payment Profile」を作成します。
まずは「Payee Infomation」（支払いの受取人情報）を入力します。

▶「Royalty Payment Profile」

Account Settings
▸ **Royalty Payment Profile**

Payee Information Help?

Country *	Please Choose ⬍	❶
	Your contact address country is your tax country.	

| Payee Name * | Your name, or your company's name | ❷ |

| Address * | Address Line 1 | ❸ |
| | Address Line 2 | |

| City * | | ❹ |

| Postal Code * | | ❺ |

| Province | | ❻ |

❶Country

「**Please Choose**」をプルダウンして国名（Japan）を選択します。

❷Payee Name

ロイヤリティの受取人名（自分の名前）をアルファベットで入力します。

❸Address

住所を入力します。**Address Line 1**に番地、通り、**Address Line 2**にアパート／マンション名、部屋番号などをアルファベットで入力します。

❹City

市区町村を入力します。

❺Province

都道府県を入力します。

なお、入力が難しければ**P.43**でもご紹介した「**住所かんたん翻訳**」（https://www.takewari.com/address_translation.html）などのサイトを利用すれば、比較的簡単に完了できるのではないでしょうか。

続いてページをスクロールして「**Payment Information**」を表示します。

Payment Information

Payment Type * ❻	○ Direct Deposit
	Your payment will be deposited in the currency of the country in which your bank is located. We currently support direct deposit in the following countries: U.S., U.K., Germany, France, Spain, Portugal, Belgium, and the Netherlands.
	◉ Check
	You'll get separate checks for earnings in each currency. To receive payment, you must reach the minimum threshold of $100 / £100 / €100. In the U.S., U.K., Germany, France, Spain, Portugal, Belgium, or the Netherlands, we'll apply a handling fee of $8 / £8 / €8. Payments will not be issued to members in those countries until total earnings equal $108 / £108 / €108.

❻Payment Type

残念ながら日本は「Direct Deposit」（銀行振込）の対象外ですので、「**Check**」（小切手）を選択します。なお、最小の支払額は$100になります。

入力が完了したら「Tax infomation」に進みます。

「Tax & Business Infomation」項目の「Submit Tax Infomation」をクリック
しましょう。

◉「Tax Infomation Interview」

　「Tax Infomation Interview」（税情報入力）ページに進みます。ここで**3章**
で取得した**EIN番号**が必要になりますので手元にご用意してお進みください。

　　※あくまでも筆者の経験に基づいた手順ですので、必ずしも正確な情報で
　　　ある保証はありません。ご了承ください。

① 「For U.S. tax purposes, are you a U.S. person?」で「No」を選択し、「Save
　　and continue」をクリックして進みます。

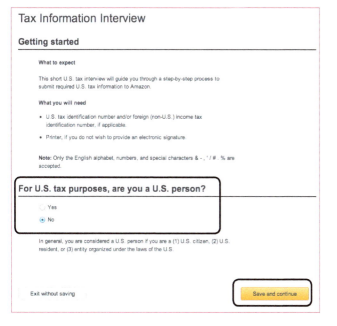

② 「Tax infomation」の各項目を入力します。

- 「Type of beneficial owner」のプルダウンメニューから「Individual」（個人の場合）を選択します。
- 「Country of citizenship or country of residence for tax purposes」のプルダウンメニューから「Japan」選択します。
- 「Full name」にアルファベットで名前を入力します。

続いて「Are you an agent acting as an intermediary?」で「No」を選択します。

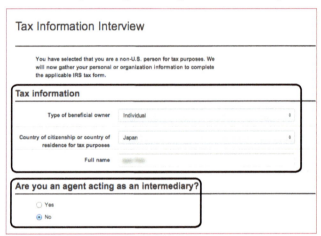

③ 「Permanent address」の各項目を入力します。

- 「Country」のプルダウンメニューから「Japan」選択します。
- 「Street address」に番地、通り名などをアルファベットで入力します。
- 「Address 2」にアパート／マンション名、部屋番号などをアルファベットで入力します。
- 「City or town」に市区町村名を入力します。
- 「State/Province」に都道府県名を入力します。
- 「Postal code」に郵便番号を入力します。

続いて「Mailing address」で「Same as permanent address」を選択します。

④「Tax identification number (TIN)」で「I hove a foreign (non-U.S.) income tax identification number」を選択、「Save and continue」をクリックします。

⑤「Treaty benefits」の「Country of Residence」プルダウンメニューから「Japan」を選択し、下の注意書き項目にチェックを入れます。

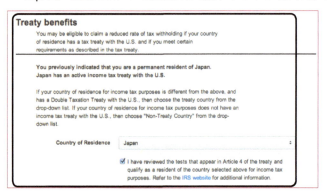

⑥「Foreign (non-U.S.) income tax identification number (TIN)」の「Foreign (non-U.S.) TIN」に**3章**で取得した**EIN番号**を入力します。下の注意書き項目にチェックを入れ、「**Save and continue**」をクリックします。

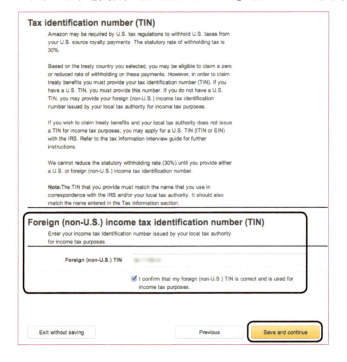

⑦ 「Review」で入力した内容が表示されます。

Tax withholding rate

Once your taxpayer identification form has been processed and validated, your Royalty payments will be subject to 0.0% U.S. withholding tax based on your previous inputs.

Review

Review the taxpayer identification form to ensure the accuracy of your previous inputs. If any fields are not correct, please go back to the relevant screen and update your information.

Certificate of Foreign Status of Beneficial Owner for United States Tax Withholding and Reporting (Individuals)

Form **W-8BEN**

SUBSTITUTE
(February 2014)

Do NOT use this form if:

Instead, use Form:

- You are NOT an individual — W-8BEN-E
- You are a U.S. citizen or other U.S. person, including a resident alien individual — W-9
- You are a beneficial owner claiming that income is effectively connected with the conduct of trade or business within the U.S. (other than personal services) — W-8ECI
- You are a beneficial owner who is receiving compensation for personal services performed in the United States — 8233 or W-4
- A person acting as an intermediary — W-8IMY

Part I Identification of Beneficial Owner

1 Name of individual who is the beneficial owner

2 Country of citizenship
Japan

3 Permanent residence address (street, apt. or suite no., or rural route). **Do not use a P.O. box or in-care-of address.**

City or town, state or province. Include postal code where appropriate.

Country
Japan

スクロールして確認し、「Save and continue」をクリックします。

Part III Certification

Under penalties of perjury, I declare that I have examined the information on this form and to the best of my knowledge and belief it is true, correct, and complete. I further certify under penalties of perjury that:

1. I am the individual that is the beneficial owner (or am authorized to sign for the individual that is the beneficial owner) of all the income to which this form relates or am using this form to document myself as an individual that is an owner or account holder of a foreign financial institution,
2. The person named on line 1 of this form is not a U.S. person,
3. The income to which this form relates is (a) not effectively connected with the conduct of a trade or business in the United States, (b) effectively connected but is not subject to tax under an income tax treaty, or (c) the partner's share of a partnership's effectively connected income,
4. The person named on line 1 of this form is a resident of the treaty country listed on line 9 of the form (if any) within the meaning of the income tax treaty between the United States and that country, and
5. For broker transactions or barter exchanges, the beneficial owner is an exempt foreign person as defined in the instructions.

Furthermore, I authorize this form to be provided to any withholding agent that has control, receipt, or custody of the income of which I am the beneficial owner or any withholding agent that can disburse or make payments of the income of which I am the beneficial owner. I agree that I will submit a new form within 30 days if any certification made on this form becomes incorrect.

Sign Here

Signature of beneficial owner (or individual authorized to sign for beneficial owner)   Date (MM-DD-YYYY)

Capacity in which acting

Exit without saving   Previous   Save and continue

⑧ 「Consent to electronic 1042-S form」 で 「I consent to electronic receipt of my information reporting documentation」 を選択します。

続いて 「Consent to electronic signature」 で 「I consent to provide my electronic signature」 を選択します。

Consent to electronic 1042-S form

In order for Amazon to provide an electronic version of your tax information reporting Form 1042-S, the IRS requires that we obtain your consent. If you do not provide consent for electronic delivery of your tax information reporting statements, you may still use the U.S. tax interview process to complete your IRS W-9 or W-8 form. However, at the end of the calendar year, we will mail your completed tax information reporting statements for your records.

If you provide consent for electronic delivery of your tax information reporting statements, you may revoke this consent at any time by retaking the tax information interview.

Note: At this time, not all Amazon businesses have enabled the electronic delivery of Form 1042-S. You may still receive a paper form from these businesses until the electronic delivery has been enabled.

Electronic 1042-S form   ⦿ I consent to electronic receipt of my information reporting documentation
   ○ No, mail the documents to me

Consent to electronic signature

In order to electronically sign your tax identity document, it is necessary to obtain your consent. If you do not provide your consent, at the end of the interview you will be required to print the form, sign it with a blue or black pen, and mail it to the address that is provided.

Electronic signature   ⦿ I consent to provide my electronic signature
   ○ No, I will mail the documents to you

⑨ 「Electronic signature」 ではすべての項目にチェックを入れます。

Electronic signature

Under penalties of perjury, I declare that I have examined the information on this form and to the best of my knowledge and belief it is true, correct, and complete. I further certify under penalties of perjury that:

☑ I am the individual that is the beneficial owner (or am authorized to sign for the individual that is the beneficial owner) of all the income to which this form relates or am using this form to document myself as an individual that is an owner or account holder of a foreign financial institution,

☑ The person named on line 1 of this form is not a U.S. person,

☑ The income to which this form relates is: (a) not effectively connected with the conduct of a trade or business in the United States, (b) effectively connected but is not subject to tax under an applicable income tax treaty, or (c) the partner's share of a partnership's effectively connected income,

☑ The person named on line 1 of this form is a resident of the treaty country listed on line 9 of the form (if any) within the meaning of the income tax treaty between the United States and that country,

☑ For broker transactions or barter exchanges, the beneficial owner is an exempt foreign person as defined in the instructions, and

☑ I agree that I will submit a new form within 30 days if any certification made on this form becomes incorrect.

続いて、そのまま下までスクロールします。

- 「**Signature of beneficial owner (or Individual authorized to sign for beneficial owner)**」にアルファベットで名前を入力します。
- 「**Date**」には自動的に日付が入ります。
- 「**E-mail address**」にメールアドレスを入力します。
- 「**Capacity**」のプルダウンメニューから「**Individual**」（個人の場合）を選択します。

入力が完了したら「**Submit**」をクリックします。

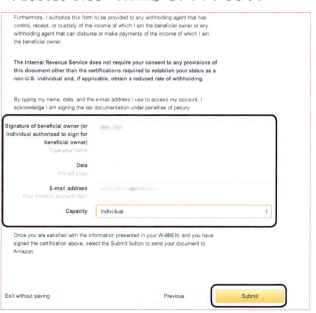

⑩ 「Your IRS Form W-8 has been received」で入力した内容が表示されます。

下までスクロールします。

「Part III Certification」の「Sign Here」に入力した内容が表示されていることを確認して「Exit interview」をクリックします。

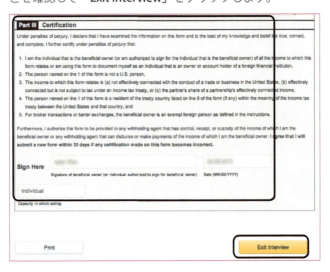

⑪「Account Settings」ページの「Royalty Payment Profile」に戻ります。

　「Tax & Business Infomation」項目に「Tax Infomation Completed!」と表示されて、「*Applicable withholding rate」（源泉徴収率）が「0%」になっていることを確認します。

「Tax Infomation Completed!」

Account Settings
▸ **Royalty Payment Profile**

Payee Information

Country	Japan
Payee Name	
Address	
City	
Postal Code	
Province	Japan

Payment Information

You have elected to be paid via checks. You will receive separate checks for USD, GBP, and EU to a $100 / £100 / €100 minimum threshold.

Payment Type	Check

Tax & Business Information

✓ Tax Information Completed!

We received your tax information on **02/25/2015**
*Applicable withholding rate: **0%**

[**Update Tax Information**]

これで米国と日本の二重課税を回避することができました。

アンケートにご協力ください

このたびは『あえて自力でやってみたいドMのためのCreate the "Amazon POD"』をお買い上げいただきまことにありがとうございます。

私たち、「個人出版支援のFrentopia」では日々お客さまのご要望にお応えするための情報収集を行っております。

つきましては、大変お手数ではございますが下記URLよりアクセスいただき、1分程度の簡単なアンケートにご協力いただけると幸いです。

→http://www.frentopia.com/qa/

今後ともどうぞよろしくお願いします。

あえて自力でやってみたいドMのための
Create the "Amazon POD"

2015年4月10日　初版第1刷発行

著　者	佐藤一平	
発行者	佐藤一平	
発行責任者	住所等連絡先	
	〒194-0021	
	東京都町田市中町1-26-14-ボヌール鈴田407	
	http://frentopia.com	
	Mail: info@frentopia.com	
	TEL: 042-850-9694	
印刷・製本	CreateSpace	

万一、落丁乱丁のある場合は送料負担でお取り替えいたします。
上記記載の住所までお送りください。

免責事項：
本書ではできる限り、正確な情報を掲載するように努力していますが、掲載内容の正確性・安全性については保証するものではありません。本書の情報を利用した結果につきまして、当方は一切の責任を負いません。

©2015 Frentopia Printed by CreateSpace
ISBN978-4-9907655-3-8